ZHINENG WULIU XITONG
WULIANWANG YINGYONG JI ANLI

智能物流系统
物联网应用及案例

刘同娟　马向国　胡安琪　著

化学工业出版社
·北京·

内 容 简 介

本书立足实际应用，围绕物联网发展的热点问题，详细介绍了物联网技术及其在现代智能物流系统中的应用，对区块链技术及其在物流系统中的应用也做了简要介绍。主要内容包括：物联网技术、物联网与智能物流系统、物联网技术在乳制品供应链追溯中的应用、物联网技术在京津冀应急物资调度中的应用、物联网技术在易腐食品运输监测数据采集系统中的应用、区块链技术、区块链与物联网环境下农产品溯源方案研究。

本书内容深入浅出，涵盖面广，实例丰富，各章节之间既有联系，又相对独立，可以为物联网、物流领域相关行业的技术人员提供帮助，也可供高校相关专业学生、教师和科研人员参考使用。

图书在版编目(CIP)数据

智能物流系统物联网应用及案例 / 刘同娟，马向国，胡安琪著. —北京：化学工业出版社，2023.10
ISBN 978-7-122-40258-5

Ⅰ.①智… Ⅱ.①刘… ②马… ③胡… Ⅲ.①智能技术-应用-物流管理 Ⅳ.①F252.1-39

中国版本图书馆 CIP 数据核字（2021）第 226554 号

责任编辑：贾　娜　　　　　　文字编辑：朱丽莉
责任校对：王　静　　　　　　装帧设计：王晓宇

出版发行：化学工业出版社（北京市东城区青年湖南街 13 号　邮政编码 100011）
印　　装：三河市延风印装有限公司
787mm×1092mm　1/16　印张 11　字数 233 千字　2024 年 1 月北京第 1 版第 1 次印刷

购书咨询：010-64518888　　　　售后服务：010-64518899
网　　址：http://www.cip.com.cn
凡购买本书，如有缺损质量问题，本社销售中心负责调换。

定　　价：69.00 元

前言

随着信息技术的发展，智能物流系统日益成熟，智能物流信息化和综合化的管理与监控，不仅帮助企业提高效益，也从整体提高了企业的信息化水平，进而带动了整个产业的发展。传统物流向智能物流转变，物流的智能化、网络化、信息化，成为物流企业在信息化时代生存和发展的必要条件。

物联网是以传感网、数据融合分析系统、智能决策系统等为特征，增强了人类认知功能的方法体系，它主要由传感网、通信网、决策应用层三个部分组成，物联网的核心是物联、互联与智能。智能物流系统的关键是既能够准确地采集信息，又能与相关的网络资源互联互通，能够智能地分析需求、规划方案、优化匹配运力等。因此，物联网的发展将智能物流系统推向更高的层次。

本书共分 7 章。第 1 章是物联网技术，介绍了物联网基本概念、起源与发展、体系结构、主要特征和关键技术等；第 2 章是物联网与智能物流系统，介绍了智能物流系统、基于物联网的智能物流模式、物联网的智能物流系统设计和物联网的智能物流系统实施；第 3 章是物联网技术在乳制品供应链追溯中的应用，介绍了乳制品供应链追溯模式和物联网技术在乳制品供应链追溯平台的实现等；第 4 章是物联网技术在京津冀应急物资调度中的应用，以应急调度为视角，以应急物资为研究对象，设计和实现了基于物联网技术的应急物资调度管理平台；第 5 章是物联网技术在易腐食品运输监测数据采集系统中的应用，以易腐食品质量监测作为问题的出发点，研究分析了易腐食品腐坏的特征气味并选用合适的传感器对其进行自动化监测，设计了基于物联网技术的易腐食品运输监测数据采集系统；第 6 章是区块链技术，介绍了区块链工作原理、作用和技术特征；第 7 章是区块链与物联网环境下农产品溯源方案研究，利用区块链的技术特点，设计了物联网与区块链技术相融合的农产品追溯方案。

本书内容深入浅出，涵盖面广，实例丰富，可为物联网、物流领域相关行业的技术人员提供帮助，也可供高校相关专业学生、教师和科研人员参考使用。本书各章节之间既有联系，又相对独立，读者可根据需要选择阅读。

本书由刘同娟、马向国、胡安琪著。 其中，马向国撰写第 1 章和第 2 章，刘同娟撰写第 3 章、第 4 章、第 6 章和第 7 章，胡安琪撰写第 5 章。 本书得到了北京市社会科学基金"区块链与物联网环境下的农产品信息溯源体系研究：以京津冀为例"（项目编号：18GLC066）项目资助。 在本书写作过程中，得到北京物资学院领导、同事的热情支持，在此一并表示感谢！同时感谢北京物资学院计算机应用技术专业研究生李金、张春雨在本书撰写过程中给予的协助。

由于物联网技术应用范围较广，编写时间仓促，同时笔者的知识水平和教学经验有限，本书的疏漏不足在所难免，希望读者给予批评与建议，以使我们在未来的教学和科研工作中不断进步。

著者

目录

第 6 章

区块链技术

149

第 **1** 章

物联网
技术

- ● 物联网的基本概念
- ● 物联网的起源与发展
- ● 物联网的体系结构
- ● 物联网的主要特征
- ● 物联网的关键技术
- ● 物联网产业发展
- ● 物联网在物流领域的应用

1.1 物联网的基本概念

早在 2010 年两会期间，物联网（Intertnet of Things，IoT）就被确立为我国五大战略性新兴产业之一，随后工业和信息化部（以下简称工信部）又专门制定了《物联网"十二五"发展规划》，物联网开始成为国内外广泛关注的科技制高点。 2016 年，工信部制定了《信息通信行业发展规划物联网分册（2016—2020 年）》，国家"十三五"规划纲要也明确提出"发展物联网开环应用"。 物联网被视为继计算机、互联网之后的信息化的第三次浪潮，将极大地促进人类社会的进步与发展。 研究物联网，首先必须明确物联网的内涵与外延。

1.1.1 物联网的定义

物联网可以说是"物物相连的互联网"，即物联网仍然以互联网为核心，但将其从人与人之间的交互延伸到了实物与实物之间。 其实，关于物联网的定义目前尚未统一，各行各业的研究者基于不同的领域，从不同的角度和侧重点对物联网的概念进行了定义。 其中有两种是这样的：

① 物联网建立在通信协议标准化和互通性的基础之上，将未来网络进行有机的整合，它不是静态的，而是能利用共享资源在世界范围内进行自我配置的动态网络。 物联网将所有物品（实体或虚拟物品）按照物理特性进行特定的编码，利用网络链接在一起，进而实现信息共享。

② 物联网是指将物体赋予标识，并通过传感设备以约定的协议，将物品与 Internet 链接，实现对于物品的定位、跟踪、监控和有效管理等功能的一种网络。 它是对于互联网应用的一种延伸和扩展。

到目前为止，普遍流行又能被各方所接受的物联网定义就是通过射频识别（Radio Frequency Identification，RFID）装置、红外感应器（Infrared Sensors）、全球定位系统（Global Positioning System，GPS）、激光扫描器（Laser Scanners）等信息传感设备，按约定的协议，把任何物品与互联网相链接，进行信息交换和通信，以实现智能化识别、定位、跟踪、监控和管理的一种网络。

1.1.2 物联网与互联网

物联网是物物相连的互联网，是可以实现人与人、物与物、人与物之间信息沟通的庞大网络。 互联网是由许多个计算机网络互相连接而成的网络。 物联网与互联网既有区别又有联系。 物联网不同于互联网，它是互联网的高级发展。 从本质上来讲，物联网是互联网在形式上的一种延伸，但绝不是互联网的翻版。 互联网本质上是通过人机交互实现人与人之间的交流，构建了一个特别的电子社会。 而物联网则是多学科高度融合的前沿研究领域，综合了传感器、嵌入式计算机、网络及通信和分布式信息处理等技术，其目的是实现包括人在内的广泛的物与物之间的信息交流。

物联网是在互联网的基础上，利用 RFID、无线数据通信等技术，构造一个覆盖世界上万事万物的网络。在这个网络中，每个物体都具有一定的"身份"，便于人们和物体之间的智能交互，也便于实现物与物之间的信息交互。物联网可用的基础网络有很多种，根据应用的需要，可以采用公众通信网络或者行业专网，甚至新建专用于物联网的通信网。通常，互联网最适合作为物联网的基础网络，特别是当物物互联的范围超出局域网时，以及当需要利用公众网传送待处理和需利用的信息时。

互联网是人与人之间的联系，而物联网是人与物、物与物之间的联系。物联网与互联网的主要区别有以下几点：

① 物联网数据是通过自动方式获取的，互联网数据是通过人工方式获取的。

② 物联网是虚拟与现实的结合，在物联网上任何人与物都是有身份的"网民"。而互联网构造的是虚拟世界。

③ 在物联网时代，把计算机"装到"一切事物中。在互联网时代，把一切都交给计算机去做。

④ 物联网提供行业性、专业性与区域性服务。互联网提供全球性公共信息服务。

⑤ 物联网实现信息世界与物理世界的融合。互联网构造了人与人之间信息交互与共享的信息世界。

⑥ 物联网是可反馈、可控制的"闭环"系统。

1.2 物联网的起源与发展

1.2.1 物联网的起源

物联网概念虽然最早出现于比尔·盖茨在 1995 年所著的《未来之路》一书中，但限于当时的技术水平，未能够引起足够的重视。1998 年，美国麻省理工学院（MIT）创造性地提出了当时被称作电子产品代码（Electronic Product Code，EPC）系统的"物联网"的构想。1999 年，美国 Auto-ID 首先提出"物联网"的概念，主要是建立在物品编码、RFID 技术和互联网的基础上。过去在我国，物联网被称为传感网。中国科学院早在 1999 年就启动了对传感网的研究，并已取得了一些科研成果，建立了一些适用的传感网。同年，在美国召开的移动计算和网络国际会议提出"传感网是下一个世纪人类面临的又一个发展机遇"。2003 年，美国《技术评论》提出传感网络技术将是未来改变人们生活的十大技术之首。

2005 年 11 月 17 日，在突尼斯举行的信息社会世界峰会（World Summit on the Information Society，WSIS）上，国际电信联盟（International Telecommunication Union，ITU）发布了《ITU 互联网报告 2005：物联网》，正式提出了"物联网"的概念。报告指出，无所不在的"物联网"通信时代即将来临，世界上所有的物体，从轮胎到牙刷、从房屋到纸巾，都可以通过互联网主动进行交换。根据 ITU 的描述，在物联网时代，通过在各种各样的日常用品上嵌入一种短距离的移动收发器，人类在信息与通信世界里将获得一个新的沟通维度，从任何时间任何地点的人与人之间的沟通连接扩展到人与物和物与物之间的沟通连接。

1.2.2 物联网的发展

物联网是通信网和互联网的应用延伸，它利用感知技术与智能装置对物理世界进行感知识别，通过网络传输互联，进行计算、处理和知识挖掘，实现人与人、人与物、物与物之间的信息交换和无缝连接，达到对物理世界实时监测、精确管理和科学决策的目的。从物联网获得全世界的广泛认可起，它就得到了各个国家的广泛重视。目前，国外物联网产业发展较为迅速的有美国、欧盟、日本、英国、韩国等，都把物联网列为经济振兴战略之一，并推出了物联网产业发展规划。

2001 年，日本推出 e-Japan 战略：以互联网发展的宽带化为核心，大力推进信息基础设施建设。2004 年，日本推出 u-Japan 战略：建立实现随时、随地、任何物体、任何人均可连接的泛在网络社会。

2008 年，欧盟推出物联网发展规划。

2009 年 1 月，IBM 首席执行官彭明盛提出"智慧地球"构想。"智慧地球"的核心是以一种更智慧的方法，通过利用新一代信息技术来改变政府、公司和人们信息交互的方式，以便提高交互的明确性、效率、灵活性和响应速度。"智慧地球"把新一代 IT 技术充分运用在各行各业之中，即把感应器嵌入和装配到全球每个角落的电网、铁路、桥梁、隧道、公路等各种物体中，并且被普遍连接，形成所谓"物联网"，而后通过超级计算机和"云计算"将"物联网"整合起来，人类能以更加精细和动态的方式管理生产和生活，从而达到全球"智慧"状态，极大地提高资源利用率和生产力水平，应对经济危机、能源危机、环境恶化。"智慧地球"因其对于全球经济复苏的意义而格外引人关注。

2015 年，日本推出 i-Japan 战略，聚焦于三大公共事业：电子化政府治理、医疗健康信息服务、教育与人才培育。通过数字技术完成新的行政改革，简化行政流程，提高工作效率，同时推动电子病历远程医疗、远程教育等应用的发展。日本组建了"物联网推进联盟"：制定物联网的研发测试及先进示范项目规划。

我国物联网的发展较为迅速。2009 年，"感知中国"的战略构想被提出。2010 年初，国内正式成立了传感（物联）网技术产业联盟。同时，工信部也宣布将牵头成立一个在全国推进物联网的部际领导协调小组，以加快物联网产业化进程。2011 年，工信部推出《物联网"十二五"发展规划》，其中要求提升感知技术水平，推进传输技术突破，加强处理技术研究，巩固共性技术基础。2022 年我国物联网市场规模达到 2.14 万亿元，同比增长 21.5%。预计未来三年，我国物联网市场规模仍将保持 18% 以上的增长速度，到 2023 年底将达到 3.1 万亿元。我国物联网市场前景巨大，发展迅速，在各行各业的应用不断深化。

到目前为止，物联网产业已形成环渤海、长三角、泛珠三角以及中西部地区四大区域聚集发展的格局，无锡、重庆、杭州、福州等新型工业化产业示范基地建设初见成效。

光纤传感器、红外传感器技术达到国际先进水平，超高频智能卡、微波无源无线射频识别（RFID）、北斗芯片技术水平大幅提升，微机电系统（MEMS）传感器实现批量生产，物联网中间件平台、多功能便捷式智能终端研发取得突破。 物联网应用规模与水平不断提升，在智能交通、车联网、物流追溯、安全生产、医疗健康、能源管理等领域已形成一批成熟的运营服务平台和商业模式，高速公路电子不停车收费系统（Electronic Toll Collection，ETC）实现全国联网，部分物联网应用达到了千万级用户规模。

1.3 物联网的体系结构

虽然关于物联网的定义目前没有统一的说法，但物联网的技术体系结构基本得到统一认识，从下到上依次划分为感知层、网络层、应用层三个大层次，如图 1-1 所示。

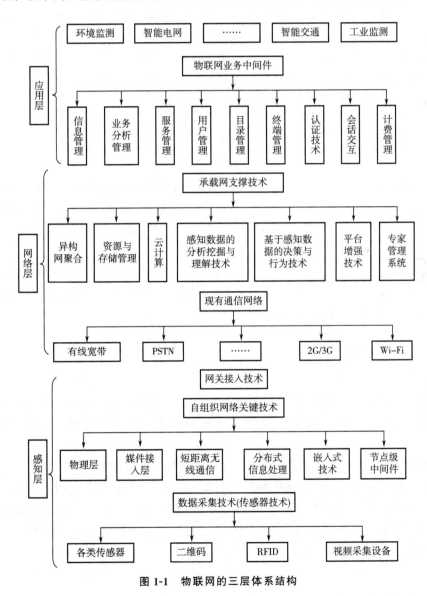

图 1-1 物联网的三层体系结构

感知层主要完成信息的采集、转换和收集，网络层主要完成信息传递和处理，应用层主要完成数据的管理和处理，并将这些数据与行业应用相结合。 在各层之间信息不是单向传递的，也有交互、控制等。 所传递的信息多种多样，其中关键是物品的信息，包括在特定应用系统范围内能唯一标识物品的识别码和物品的静态与动态信息。

1.3.1　感知层

感知层是物联网识别物体、采集信息的来源，位于物联网三层结构中的最底层，是物联网的核心，也是整个体系的基础和信息采集的关键部分。 感知层就好比物联网的皮肤和五官，负责识别物体，采集数据，由各种类型的感知设备和控制模块以及相关网络技术组成。 如：能够获取数据的二维条码、RFID 技术；能够感知温度、湿度、声音、压力、光等信息的传感器。 感知层中的各感知设备可能处于分布式状态，感知的信息也可能出现大量冗余，为了能在该层实现数据间的处理和传输，各种设备间还需利用网络技术组成一个多节点网络，比较常见的是无线传感器网络（Wireless Sensor Network，WSN）和 ZigBee 传感网络。

1.3.2　网络层

物联网的网络层建立在现有的互联网（IPv4/IPv6 网络）、移动通信网（如 GSM、CDMA、2G/3G/4G 等）、专用网络等基础上，将感知层获取的信息安全可靠地传输到应用层，然后根据不同的应用需求进行信息处理，是位于物联网三层结构中第二层的信息处理系统。

网络层广泛覆盖的移动通信网络是实现物联网的基础设施，是物联网三层结构中标准化程度最高、产业化能力最强、最成熟的部分，关键在于其是对物联网应用特征进行优化和改进形成协调感知的网络。

1.3.3　应用层

应用层是把通过网络层传输过来的感知层采集的数据进行分析和处理，做出正确的控制和决策，实现智能化的管理、应用和服务，位于物联网三层结构中的最顶层。

物联网的根本还是为人服务，应用层完成物品与人的最终交互，前面两层将物品的信息大范围地收集起来，汇总在应用层进行统一分析、决策，用于支撑跨行业、跨应用、跨系统之间的信息协同、共享、互通，提高信息的综合利用度，最大限度地为人类服务。 物联网具体的应用服务又回归到各个行业应用，如智能交通、智能医疗、智能家居、智能物流、智能电力等。

1.4　物联网的主要特征

从通信对象和过程来看，物与物、人与物之间的信息交互是物联网的核心。物联网的基本特征可概括为整体感知、可靠传输和智能处理。

① 整体感知：可以利用射频识别、智能传感器等感知设备随时随地对物体进行信息采集和获取。

② 可靠传输：通过对互联网、无线网络的融合，对接收到的感知信息进行实时远程传送，实现信息的交互和共享，并进行各种有效的处理。

③ 智能处理：利用云计算、模糊识别等各种智能技术，对感知和传送到的数据和信息进行分析处理，提升对物理世界、经济社会各种活动和变化的洞察力，实现智能化的决策和控制。

除了上述三大主要特征外，物联网还具有显著的网络化、物物相连、多种技术相融合等特点。网络化是物联网的基础，无论是 M2M、专网，还是无线、有线传输信息，都必须依赖于网络；不管是什么形态的网络，最终都必须与互联网相连，这样才能形成真正意义上的物联网。物物相连是物联网的基本要求之一。计算机和计算机连接而成的互联网，可以完成人与人之间的交流。而物联网就是在物体上安装传感器、植入微型感应芯片，然后借助无线或有线网络，让人们和物体"对话"，让物体和物体进行"交流"。可以说，互联网完成了人与人的远程交流，而物联网则完成人与物、物与物的即时交流，进而实现由虚拟网络世界向现实世界的转变。物联网集成了多种网络、接入技术、应用技术，是实现人与自然界、人与物、物与物进行交流的平台。因此，在一定的协议关系下，实行多种技术相融合，分布式与协同式并存，是物联网的显著特点，从而使得物联网具有很强的开放性、自组织和自适应能力，可以随时接纳新器件，提供新服务。

1.5　物联网的关键技术

1.5.1　网络与通信技术

网络与通信技术是通过计算机和网络通信设备对图形和文字等形式的资料进行采集、存储、处理和传输等，使信息资源达到充分共享的技术。单一的感知是不具有任何实际意义的，只有将对物体的感知和网络连接，实现远程控制，才能实现物联网的真正含义和作用。因此网络通信技术在实现这一互通中起到了保驾护航的作用。网络通信技术也很繁杂，包括各种有线和无线传输技术、通信协议、组网及网关技术等。网络与通信技术还分为近距离通信技术和远距离通信技术。近距离通信技术包括现在使用的蓝牙以及射频技术；远距离通信技术涉及互联网的通信协议、网关以及组网等技术。

1.5.2　无线传感器网络（WSN）技术

无线传感器网络诞生于 20 世纪 70 年代，是集分布式信息采集、信息传输和信息处理技术于一体的网络信息系统，因低成本、微型化、低功耗、灵活的组网方式以及适合移动目标等特点受到广泛重视。物联网正是通过遍布在各个角落和物体上的形形色色的传感器以及由它们组成的无线传感器网络，来最终感知整个物质世界的。

那什么是无线传感器网络呢？无线传感器网络是通过无线通信技术把数以万计的传感器节点以自由式进行组织与结合进而形成的网络形式。构成其传感器节点的单元分别为：数据采集单元、数据传输单元、数据处理单元以及能量供应单元。

数据采集单元通常都是采集监测区域内的信息并加以转换，比如光强度跟大气压力与湿度等。

数据传输单元则主要以无线通信和交流信息以及发送接收那些采集进来的数据信息为主。数据处理单元通常处理的是全部节点的路由协议和管理任务以及定位装置等。

能量供应单元为缩减传感器节点占据的面积，会选择微型电池的构成形式。无线传感器网络当中的节点分为两种，一种是汇聚节点，一种是传感器节点。汇聚节点主要指的是网关能够在传感器节点当中将错误的报告数据剔除，并与相关的报告相结合，将数据加以融合，从而对发生的事件进行判断。汇聚节点与用户节点连接可借助广域网络或者卫星直接通信，并对收集到的数据进行处理。

无线传感器网络主要是由什么构成的呢？无线传感器网络主要由三大部分组成，包括节点、传感网络和用户。其中，节点一般通过一定方式覆盖在一定的范围，整个范围按照一定要求满足监测的范围；传感网络是最主要的部分，它是将所有的节点信息通过固定的渠道进行收集，然后对这些节点信息进行一定的分析计算，将分析后的结果汇总到一个基站，最后通过卫星通信传输到指定的用户端，从而实现无线传感的要求。

无线传感器网络技术是综合了包括传感器技术、现代网络技术及无线通信技术在内的多种技术于一体的感知及传输系统，能够实时监测、感知并采集对象信息。

1.5.3　RFID 技术

RFID（射频识别）技术是一种利用射频信号通过空间耦合（交变磁场或电磁场）实现无接触信息传递，并通过所传递的信息达到识别目的的技术，是一种非接触的自动识别技术。射频识别技术是从 20 世纪 80 年代逐渐走向成熟的数据采集新技术。随着经济的发展和科技的进步，尤其是随着数字化背景和互联网进程的加快，这门集计算机技术、光学技术和通信技术等为一体的高新数据采集新技术，在国内外得到了广泛的应用，并逐渐在军事装备、商业、物流管理、图书馆档案管理等领域使用。现在人们在日常生活中所使用的公交卡、校园卡、人脸识别门禁和蓝牙定位等都应用了无线射频识别技术。

RFID 工作原理：标签进入阅读器后，接收阅读器发出的射频信号，凭借感应电流所获得的能量发送出存储在芯片中的产品信息（无源标签或被动标签），或者由标签主动发送某一频率的信号（有源标签或主动标签），阅读器读取信息并解码后，送至中央信息系统进行有关数据处理。完整的 RFID 系统由读写器（Reader）、电子标签（Tag）和数据管理系统三部分组成。RFID 工作原理如图 1-2 所示。

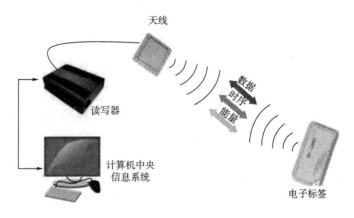

图 1-2　RFID 工作原理

1.5.4　M2M 技术

M2M 是机器对机器通信，是指能在监控者、系统、机器设备之间建立通信连接的技术和方法的总和。M2M 技术是利用不同类型的机械设备建立通信和信息交换的技术，通过移动通信对设备进行有效控制，从而将商务的边界大幅度扩展或创造出较传统方式更高效率的经营方式，抑或创造出完全不同于传统方式的全新服务。

1.5.5　GPS 技术

GPS 是全球定位系统的缩写。GPS 技术一般指卫星导航系统，是具有在海、陆、空进行全方位、实时三维导航与定位能力的新一代卫星导航与定位系统。日渐成熟的全球定位系统给物联网提供了强大的技术支撑，使物与物之间的准确定位成为可能。GPS 技术以其高精度、全天候、高效率、多功能、操作简便、应用广泛等特点为物联网中的定位追踪提供了便捷的服务，让物联网的功能更加完备。

1.5.6　云计算技术

云计算（Cloud Computing）是分布式计算的一种，指的是通过网络"云"将巨大的数据计算处理程序分解成无数个小程序，然后，通过由多部服务器组成的系统进行处理和分析这些小程序得到结果并返回给用户。早期云计算，简单地说，就是简单的分布式计算，解决任务分发，并进行计算结果的合并。因而，云计算又称为网格计算。通过这项技术，可以在很短的时间内（几秒钟）完成对数以万计的数据的处理，从而实现强大的网络服务。

了解了云计算的定义，那么云计算的"云"又是什么呢？云是将服务器虚拟化，形成虚拟资源池，相比于以前的物理机更加节省资源成本，便于管理。云是计算、存储、网络资源池化的概念。我们每天使用的搜索引擎、邮箱、网盘，就是很标准的云，而这大多都是免费的。云是对互联网的升级，意味着互联网并不仅仅可以存储数据，还可以为你提供某种服务。

提到了云计算，免不了就会联想到云服务。云服务不单单是一种分布式计算，而是分布式计算、效用计算、负载均衡、并行计算、网络存储、热备份冗杂和虚拟化等计算机技术混合演进并跃升的结果，是基于互联网相关服务的增加、使用和交付模式。云计算可以将虚拟的资源通过互联网提供给每一个有需求的客户，从而实现拓展数据处理。

其实云计算、云存储、云服务、云平台等就是利用云通过一堆机器经过网络组合到一起的不同形式，是云下面的子概念。

总而言之，云计算技术就是把许多简单的计算资源整合起来，以互联网为中心，利用网络上足够强大的计算机为用户提供服务，用户通过网络就可以获取到无限的资源，同时获取的资源不受时间和空间的限制。

1.5.7 大数据系统

大数据系统是一个复杂的、提供数据生命周期（从数据的产生到消亡）的不同阶段数据处理功能的系统。大数据系统的目标是从大量异构数据中获得使用传统方法无法实现的洞察力和连接。

大数据系统主要分为批量处理系统、流式数据处理系统、交互式数据处理系统、图数据处理系统。

① 批量处理系统。利用批量数据挖掘合适的模式，得出具体的含义，制定明智的决策，最终做出有效应对措施实现业务目标是大数据批量处理的首要任务。大数据的批量处理系统适用于先存储后计算、实时性要求不高、数据的准确性和全面性更为重要的场景。代表性的典型处理系统有 HDFS 和 MapReduce。Hadoop（海杜普）是典型的大数据批量处理架构，由 HDFS 负责静态数据的存储，并通过 MapReduce 将计算逻辑分配到各数据节点进行数据计算和价值发现。Hadoop 顺应了现代主流 IT 公司的一致需求，之后以 HDFS 和 MapReduce 为基础建立了很多项目，形成了 Hadoop 生态圈。

② 流式数据处理系统。在大数据背景下，流式数据处理源于服务器日志的实时采集，交互式数据处理的目标是将 PB 级数据的处理时间缩短到秒级。流式数据处理已经在业界得到广泛的应用，典型的有 Twitter（推特）的 Storm，Facebook（脸书）的 Scribe，Linkedin（领英）的 Samza，Cloudera 的 Flume，Apache（阿帕奇）的 Nutch。

③ 交互式数据处理系统。 与非交互式数据处理相比，交互式数据处理灵活、直观、便于控制。 系统与操作人员以人机对话的方式一问一答——操作人员提出请求，数据以对话的方式输入，系统便提供相应的数据或提示信息，引导操作人员逐步完成所需的操作，直至获得最后的处理结果。 采用这种方式，存储在系统中的数据文件能够被及时处理修改，同时处理结果可以立刻被使用。 交互式数据处理具备的这些特征能够保证输入的信息得到及时处理，使交互方式继续进行下去。 交互式数据处理系统的典型代表是 UC Berkeley 的 Spark 系统和 Google 的 Dremel 系统。

④ 图数据处理系统。 图由于自身的结构特征，可以很好地表示事物之间的关系，在近几年已成为各学科研究的热点。 图中点和边的强关联性，需要图数据处理系统对图数据进行一系列的操作，包括图数据的存储、图查询、最短路径查询、关键字查询、图模式挖掘以及图数据的分类、聚类等。 典型的图数据处理系统包括 Google（谷歌）的 Pregel 系统、Neo4j 系统和 Microsoft（微软）的 Trinity 系统。

1.6　物联网产业发展

物联网产业是新一代信息技术产业的重点与引领力量，由于它广泛应用于其他各个新兴产业中，使其成为整个战略性新兴产业的一大亮点。 物联网产业的出现，是工业化与信息化深度融合的结果。

1.6.1　物联网产业发展情况

物联网被称为继计算机和互联网之后，世界信息产业的第三次浪潮，从一般的计算机网络到互联网，从互联网到物联网，信息网络已经从人与人之间的沟通，发展到人与物、物与物之间的沟通，其功能和作用日益强大，对社会的影响也越发深远。 物联网产业是工业化和信息化相互结合的产物，这个概念是基于智能传感网络技术研究得出的。 本小节主要从国内和国外两个方面来介绍物联网产业的发展情况。

1.6.1.1　国外物联网产业发展情况

国外物联网产业发展迅速，其中美国、日本、欧盟的物联网产业发展速度较快，但又各自有其发展路径和特点。

（1）美国物联网产业发展情况

美国是全球物联网建设的发起者，把建设物联网作为国家发展战略的重要一环，期望以此缓解经济困境，迎来新的发展契机。 美国此前在大力发展信息产业、国民经济信息化的过程中取得了可观的收益，物联网作为信息化的下一个阶段，美国政府将其作为国家战略目标，通过政策大力扶持物联网产业的推进，希望能够增加就业、促进经济复苏，带动美国经济长期发展。 1999 年，移动计算和网络会议首先提出"物联网"及其相关技术应用。 在长期有效的信息产业政策实施的基础上，进入 21 世纪后，美国开始推出一系列的物联网产业政策，积极推动其应用推广。2009 年，美国将物联网升至国家战略级别，投资 7870 亿美元开始具体实施物联网发展计划，主要集中在再生能源、民生、技术研发等领域。政府同时出台各种减税、补贴等辅助政策对其进行全方位推动。2010—2011 年，美国政府在《联邦云计算策略》计划中积极推动政府各部门采用云计算技术，并建设大型云计算中心向美国政府提供云服务，投资约 600 亿美元的资金用于云计算的研发。该计划旨在通过云计算服务对其服务商进行一次性认证的安全评估，降低获取云数据和风险评估的成本，让政府的管理和服务更加透明。

（2）欧盟物联网产业发展情况

欧盟紧随美国提出发展物联网战略。欧盟为了摆脱紧紧困扰它的经济低迷问题，积极推进发展物联网产业的战略，并领先于美国提出和制定关于物联网产业的各项制度和政策，统一其行业标准规范，在多地建立试点工程和开展研究项目，并拟定未来发展物联网产业的具体实施步骤。欧洲各国从最初推动信息化战略框架到现在发展物联网产业战略的实施步骤，经过多年信息化基础设施的积淀，欧盟物联网战略的实施计划已经非常全面，包括框架制定、研究路线、实施步骤与范围、标准制定等各方面内容。同时欧盟划分了研究项目的归属机构，如欧洲物联网研究项目组重点放在标准转换研究以及欧盟各国之间 IoT 技术的合作。

2005 年 4 月，欧盟发布 2005—2010 年的信息通信政策计划，旨在整合统一物联网发展中所需的基础设施及其技术设备，继续研发满足市场需求的物联网技术，以应对未来全球化数字经济的到来。2009 年是欧盟物联网发展的重要纪年，2009 年 6 月，《欧盟物联网行动计划》中提出如下方面的建议。

① 制定全球范围内的物联网管理细则。

② 针对传感器网络及其设备所带来的个人隐私安全，在技术和法律层面进行保障。

③ 将物联网标准推广到全球范围，并制定实施时间进度表。

④ 持续加强物联网技术研发，如无线通信智能系统网、语义学、基于设计层面的隐私和安全保护等和其他创新技术，通过吸引民间资金的方式进行物联网项目的启动。

⑤ 积极推动与社会环境相关的公共领域物联网项目，如气候监测、数字医疗、环境保护、垃圾回收利用等。

⑥ 达成欧洲物联网相关机构的共识，及时全面地沟通国际物联网发展的动态，分享各自的实施经验，共同应对所要面临的危机和困难。

⑦ 推动国际沟通与合作，促进国际物联网产业发达国家或机构的对话，以期能够共享发展成果和相关技术。

⑧ 对欧洲各国的物联网发展进行检测，作出统计分析，进行综合管理、全局布控。

2009 年 9 月，《物联网战略研究路线图研究报告》由 RIDF 和物联网研究项目组推出：从 2010 年起，以 5 年为期分别对物联网技术研究进行关键领域的攻关，将其应用的方向定位在社会不同的领域范围，如农业、工业、再生能源、医疗药品、教育等。两个月后推出新政策《未来物联网战略》，旨在使欧洲各国物联网基础设施建设能够达到世界领先水平，将 4 亿欧元投资在信息通信技术研发方面，未来三年内增加 6 亿欧元进行网络的升级，对与之合作的相关公司进行达 3 亿欧元的补贴资金。 12 月底，《物联网战略研究路线图》出台，系统地提出物联网发展的技术路径，聚焦在各层面上即是物联网感知网络、框架、通信、网络融合、软件平台及中间件、设备配件、信息分析、搜索引擎、能源管理、安全保障。 2010 年，欧盟发布了物联网 2011 年工作计划，明确两年内信息通信技术领域项目发展的优先级，对相关领域项目的研发进行协调，进行不同程度的支持。 此外，欧洲物联网项目组将研究放在射频识别技术领域，欧洲电信标准协会一直推进欧洲物联网标准化、全球标准互用性，目标是提高领域内的互动协作，让行动达到最大效用。

（3）日本物联网产业发展情况

20 世纪 90 年代，日本政府开始大规模信息化建设，推出不同层面的国家发展政策作为主要动力，同时推出辅助性的配套政策。 政府投资建立了多个云数据中心，为各领域提供数据信息服务和安全保障。 日本一直以来都是提出在信息技术基础上发展"泛在网"，没有明确称之为物联网。 由于日本信息化基础设施建设较为完备，因此在物联网产业建设的过程中受到阻力并不大，谈不上跨阶段发展的问题。 进入 21 世纪后，日本仍然积极推进 IT 立国战略，可以分为 e-Japan、u-Japan、i-Japan 三个战略。总体上看，短期内日本采取政策引导方式推动 IoT 发展，通过市场需求调节物联网产业市场供需，在一定的政策范围内采取给予资金等方面的扶持措施；长远角度规划则是制定国家支持的示范项目，通过吸收民间资金的方式鼓励企业研发，通过产品应用推广使其利益平衡。

日本 e-Japan 阶段在 2001 年开始实施，进行为期两年的互联网基础设施建设，主要以高速网络的建设为主，同时发展政府部门间的电子政务和完善电子商务法律条款，积极培养专业高素质人才，目标是打造世界一流具有竞争力的 IT 国家。 2003 年开始，日本政府将重点放在医疗、视频、生活、中小企业金融、教育、就业和行政七个领域的 IT 技术的应用。 这为物联网的发展提供了坚实的网络基础和丰富的人才储备以及 IT 技术等必要条件。

2004 年，日本提出 u-Japan 战略是在 2006—2010 年内需要完成的目标。 经过 4 年的建设将日本打造成"实现随时、随地、任何物体、任何人均可连接的泛在网络社会"，就是日本全面进入物联网社会。 该阶段分为三个层面的任务，两大战略重点。三个层面：一是进行泛在网络的基础设施建设，实行无线网络数据交换无缝连接的感知网络；二是将信息通信技术应用到具体领域中，如医疗保健、自然环境、再生能源和促进就业等；三是信息通信技术的安全保障等。 两大战略重点：一个是国际战略，将推进日本的国际合作问题，尤其是国际合作组织如国际电信联盟、世界贸易组织、世界经贸组织等；另一个是技术战略，旨在将日本研发的物联网技术及标准推向世界，获得国际认可。 日本的泛在网络就是物联网，二者的功能没有差别，只是名称不同而已。

2008 年，日本开始将物联网技术与其他产业进行融合。 u-Japan×ICT 政策将信息通信技术全面融合到生产生活各个领域。 运用物联网技术推动社会整体升级，繁荣地方经济，促进生活方式的改变，全面进入泛在网络社会。 日本政府将这一阶段的目标聚焦到通过物联网技术的创新带动产业链的升级，进而使之更深层融合，拉动日本经济的复苏。 为了促进这一目标的实现，日本政府、科研机构和生产企业紧密地结合在一起，形成全方位立体式发展模式。 政府负责宏观规划和统筹布局，科研机构进行技术及配套设备的研发，企业参与并创造产值，产生经济效益。

2009 年，日本提出 i-Japan 战略的目的是尽快实现经济复苏。 日本经济呈低迷状态很长时间，日本政府采取各种措施和政策刺激经济但收效甚微。 这一战略的宗旨是形成以民众应用服务为中心的数字社会，提升国家在国际中的地位，保持日本的国际优势。 它主要在三个公众领域内开展物联网的融合，即政府电子政务、远程医疗服务和教育培训。 在计划期限完成后，日本将会在智能城市的建设中更加完善，如简化行政流程，全面实现车联网的建设、智能交通的完成及深化应用、数据安全性通信、老人和儿童的监护、环境检测等。

2010 年，日本政府智能云战略的推出旨在通过云计算等云服务提高社会系统的整体升级，实现数据信息的共性互通。 战略分为三个层次，即应用战略、技术战略和国际战略，主要是将物联网技术全面应用，建设完成以云服务覆盖 100％的社会网络环境，创新云服务业务，生产高附加值的信息技术产品和服务，将日本推向世界，使其产业内的云计算服务标准统一。 同时进行云计算技术的创新和标准化的制定。 日本将积极参与关于云计算及服务方面的国家研讨，关于云服务达成国际共识，有利于日本云计算产品面向世界。 日本政府还着手进行信息安全和数据保障等方面规则的完善，并积极鼓励创新，以及基于海量数据的实时处理，从而拓宽新市场领域。

1.6.1.2 我国物联网产业发展情况

我国对于物联网的研究起步相对较晚。 我国物联网产业起步于 2006 年，该年出台的《中国射频识别技术政策白皮书》促进了射频识别技术与互联网技术等的有效结合。2009 年，西安优势微电子公司研制的第一颗物联网芯片，促使物联网产业得到快速发展。 同时，国家加大物联网产业的发展，在部分地区进行物联网试点工作，为物联网产业的发展提供了良好的政策环境。 尤其"十三五"建设期间，国家不断加强对物联网发展的顶层设计，探索物联网产业链生态构建。 目前，我国物联网产业发展速度还在进一步加快，"互联网＋"运营模式已经成为企业的主要经营模式。 广东作为我国物联网产业的聚集区，2019 年加快推进物联网集成创新和产业化，推进物联网在生产和商贸领域的应用，打造世界级智慧城市群。 通信运营商推出系列物联网产品，助力企业，通过互联网实现产品的销售以及企业产品的宣传等相关的功能，这对于企业发展非常有意义。

互联网与实体的结合发展让企业能够获得更多的发展机会，形成物联网产业，对于帮助企业获得更多的发展、提高竞争能力具有非常积极的意义。 目前我国物联网产业发展仍处于初级阶段，物联网行业需要进一步深入研究，探究不同产业的应用需求。 只有产业特征与互联网的特征紧密地结合在一起，才能最大限度地发挥其应有的效果。

目前，物联网应用于交通、物流、通信等各大领域，极大地促进了经济发展，改变了人们的生活现状以及生活水平。 物联网产业形成以北京—天津、上海—无锡、深圳—广州、重庆—成都为核心的四大产业集聚区。 全国已基本形成分别以北京、上海、深圳、重庆为核心的环渤海、长三角、珠三角、中西部地区四大物联网产业集聚区的空间格局。

1.6.2 基于技术路线图的物联网产业布局

基于技术路线图的物联网产业在布局过程中需要遵循整体性原则、超前性原则、跨越性原则。

① 整体性原则。 基于技术路线图的物联网产业在布局上要有整体性，具体体现在：一是要把物联网产业置于国民产业经济体系这个整体之内来进行布局，离开了国民产业经济体系，物联网产业会失去坐标，从而无法做到布局的合理性和科学性；二是要把物联网产业作为一个整体来布局，打破行业的垄断和地域的保护，提升物联网布局的层次，从国家的角度来对其布局。

② 超前性原则。 基于技术路线图的物联网产业布局要有超前性，即根据物联网产业发展的现实情况以及国内外物联网产业发展的未来趋势，做出基于现实而又高于现实的布局。

③ 跨越性原则。 我国物联网产业起步比较晚，同时由于资金、技术等问题，使得物联网产业的入行门槛较高，这极不利于我国物联网产业的发展。 整体而言，我国物联网产业滞后于西方发达国家。 同时，物联网产业是国际经济领域中的一块高地，发展物联网产业能提升国家在国际经济领域的份额，从而提升国际地位。 物联网产业是基于互联网、射频识别技术、全球定位系统等技术的，因此，在制定物联网产业技术路线图时要有跨越性意识，并把这种意识贯穿到技术路线图的各个方面，从而引导实际中的物联网产业布局，发展高新技术，发展关键技术，从而促进物联网产业的跨越式发展。

基于技术路线图的物联网产业在布局过程中需要注意技术和政策这两个关键的方面。

① 技术方面。 互联网技术、射频识别技术、全球定位系统等技术是物联网产业的技术基础，基于技术路线图的物联网产业布局要以发展关键核心技术为关键点，从而引领物联网产业快速健康地发展。 物联网产业在未来应用和发展的技术大致有：知识管理技术、数据挖掘和处理技术、数据服务技术、物联网搜索引擎技术、云计算技术、电力通信技术、纳米技术、边缘计算、高速态无线自组网、机电控制技术，等等。 在给物联网产业布局做技术路线图时要以发展和利用这些技术为重点。

② 政策方面。 物联网产业的布局和发展离不开国家政策的支持，同时物联网产业的布局也需要相关的政策保驾护航，维持相关产业的市场秩序，给予相关的技术以及政策的扶持。 基于技术路线图的物联网产业布局，在政策上的关键点主要有以下两个方面：

a. 有关物联网产业入行标准的制定。 通过制定政策，引进各方资本，激发物联网产业活力，通过竞争的加大，来促进核心技术的研发。国家可以制定物联网行业条例，制定有关物联网技术的条例，比如，传感器标准条例。

b. 在对物联网产业基础设施建设的保护上，需要有关的政策来支持。物联网产业是建立在互联网上的产业，互联网是物联网产业的基础，也是基本设施。而互联网的建设需要出台相关的政策，加大技术和资金的投入，同时，互联网的安全平稳运行也需要法律法规来保障。国家可以制定关于物联网基础设施的政策性法规，制定维持物联网健康运行的法规。

物联网已经向社会生活生产的各个领域延伸，物联网时代的到来，必定会给我们的生活带来翻天覆地的变化，我们只有根据物联网在我国的实际发展情况，以及国际上物联网的发展趋势，扎扎实实做好物联网的技术路线图，然后按照一定的原则，抓住关键的节点，做好物联网产业的布局，才能促使物联网产业飞速发展，从而带动国民经济提升。

1.6.3　物联网产业发展存在的问题

物联网产业在得到快速发展的同时，存在一些问题。

① 安全问题。物联网产业与大量的数据相关，需要注重个人隐私以及知识产权。

② 物联网技术的标准化。物联网标准数量迅速增加但面向重点行业、跨行业开放互联的标准缺失。

③ MEMS 传感器形成四大产业集聚区但技术积累较少、生态构建较弱、产品种类领军企业较少等短板仍较为突出。

④ 我国形成规模最大的公共物联网网络，但深度覆盖能力不足。

⑤ 物联网平台之争进一步升级，差异化运作及可持续发展的商业模式缺失。

⑥ 产业力量不断加强，但产业之间协作存在隔阂，"中间群体"及公共服务平台仍需重点布局。

1.7　物联网在物流领域的应用

1.7.1　物联网在物流领域应用现状

物联网被视为继计算机、互联网之后的第三次信息产业浪潮，世界各国政府都看好物联网的产业前景，把发展物联网纳入国家整体信息化战略，将其提升到国家发展战略层面。物流业是我国家十大产业振兴规划之一，是信息化及物联网应用的重要领域。同时，物流业是最早接触物联网理念的行业，也是物联网超前发展与被寄予厚望的一个行业。物联网在物流领域虽有一定的应用，但物流业如何正确认识物联网，如何借助国外发展经验及国内发展现状，推动应用自身发展，提升信息化、自动化、智能化水平，已经成为重要的问题。因此，了解物联网在物流领域的国内外应用现状是非常有必要的。

1.7.1.1　国外应用现状

（1）美国物流及相关领域

① 物流管理。 美国海军应用 RFID 技术进行反向物流试验。 美国海军运营 RFID 技术在美国海军资产管控处（ATAC）和国防物流机构（DLA）工厂之间跟踪破损零件，减少了 ATAC 和 DLA 双方的工作负荷，并提高了物资数据的精确性和一致性。

② 物品管理。 美国 M/A-COM 推出 RFID 叉车托盘读取系统。 美国微波及射频方案专业供应公司 M/A-COM 推出新型的传感器，装在最新或已有的 RFID 托盘标签读取设备上，在读取托盘标签时使用传感器进行识别，减少了潜在的误差，适用于配销及制造等行业。

③ 自动化管理。 美国得克萨斯州 El Paso 县的 911 中心，为当地 70 多万居民服务，那里的工作人员有效利用 RFID 系统，每月处理 45000 多个紧急呼叫。

（2）欧盟物流及相关领域

① 车载物联网。 在欧洲 CVIS 信息平台上，车辆将可以直接与路况"对话"。 只需要通过一个简单的红绿灯、十字路口或者其他基础设施上的接收器模块，就能直接获得最新路况。

② 汽车制造业。 通过采用 RFID 这样的自动识别技术提高工业生产的整体生产效率、改善物流整体水平、加强车辆的质量控制，以及帮助改善客户服务体验。

③ 零售、物流与供应链管理。 将物流单元（零售、物流、供应链管理领域中的物品）与 RFID 标签进行绑定，可以实时跟踪这些物流单元的智能货架，如自动化检查商品单据、实时监控库存情况、及时发现缺货情况或者防止店内盗窃行为的发生。

（3）日本物流及相关领域

① 运输管理。 运输公司出于保证长途货车司机的安全以及降低油耗的目的，引入使用基于 DOCOMO 3G 网络的运行实时管理系统 e-navi system，通过货车驾驶台内置的物联网终端，如超过法定速度立即以语音来提醒司机，并且通过 GPS 实时记录车辆的位置和作业习惯，从而分析司机的驾驶行为并提出改良意见（如稳定速度）来降低汽油消耗。

② 运输安全。 丰田与 KDDI 合作推出的 G-BOOK 导航仪可以在安全气囊弹出时，与其联动直接向急救中心报警，大幅减少报警延迟时间，挽救生命。 除此之外，G-BOOK 还能提供安全导航方面的增值服务，如检知汽车是否被盗，追踪车辆的位置，与用户进行联络等。

③车载物联网。 日本制定了 Smartway（智能道路）计划的目的是实现车路联网，设想道路会有先进的通信设施不断向车辆发送各种交通信息，所有的收费站都不需停车交费，车辆能以较快的速度通行，道路与车辆可高度协调，道路提供必要信息以便车辆进行自动驾驶。

（4）韩国物流及相关领域

① 港口物流。 韩国在釜山港建立的 RFID 系统用于货物追踪。 该项目采用 Savi

公司的一些有源 RFID，在集装箱沿着供应链移动的时候，标签将收集从方位和安全状况到集装箱内照明、温度和湿度的各种信息。 这些信息将被实时收集，并上传到一个可以通过互联网访问的监视网络进行货物的监控管理。

② 军事物流。 为了解决获取补给品需求信息困难的问题，韩国陆军在新的军事配送体系中推广使用 RFID 标签，对物资进行迅速运送和精确管理。

③ 汽车制造。 韩国现代汽车公司早先就将 RFID 技术应用于汽车防盗，现在更引进相关技术管理物流供应链、采集装配线上的信息。

1.7.1.2　我国应用现状

物流行业是物联网的重要应用领域，物联网技术的应用会极大提升物流信息化的水平，为物流系统的智能化打下基础。

2010—2011 年，我国物流行业的物联网应用开始进入大发展新阶段，政策环境不断改善，企业关注度大幅增加，技术进步明显加快，市场培育持续深化，成功案例显著增多。 物联网热门技术如 RFID、GPS、智能机器人已经在物流领域获得一定程度的推广。

目前物联网应用于物流行业的三个方面，即货物仓储、运输监测以及智能快递终端。 我国物流信息化领域应用最普遍的物流感知技术首先就是 RFID 技术，其次是 GPS/GIS 技术。

1.7.2　物联网在物流领域应用前瞻

物联网技术是一项综合性技术，它在物流业中的应用具有规模性、广泛性、管理性、技术性等特征。 由智能运输、自动仓储、动态配送和信息控制等共同构成的新型物流业务体系得以形成。 由于物联网贯穿在物流业的各个环节，使得物流产业供应链的各个环节紧密相连，形成无缝对接，进而构成物流服务链。 基于物联网的信息协同技术将在很大程度上改变物流行业的运营模式，并且物流企业内部的信息将得到高度集成和整合，使得企业内部能实时了解货物动态，并根据货物的动态进行必要的物流控制。 同时，物流信息在物联网的实现环境下，有助于资源的优化配置和整合，使运行效率大大提高。 有效传输物流企业所需要的即时信息，帮助企业分析解决问题，及时、有效地做出决策，提高内部的运作效率，提升物流服务水平。

物联网在物流领域的最新应用如下：

① 电商＋物联网。 电商物流为物联网技术提供了良好的应用环境，未来几年，物联网技术将是解决该行业所面对的人员紧张问题、信息阻塞问题、合规问题的最佳途径，成为电商企业进一步抢占市场的重要技术支撑。 基于电商物流的大规模、高要求、高复杂度，以及电商物流中心的自动化、智能化，未来物联网技术在电商领域的应用需求将是巨大的。

② 车联网＋物联网。 目前物联网技术初步解决了运输过程的透明化、可视化管

理，以及货运资源的优化与整合配置问题，物联网在物流运输中会得到更大的需求，需提升安全性、算法优化等。

③ 智能制造＋物联网。 随着智能制造、工业 4.0 的推进，制造业对物流信息化、自动化、智能化需求越来越高，纷纷在物流系统中采用物联网技术，尤其是传感器和智能控制技术的应用较多。 智能制造除了要求物流系统的智能化，还需要与生产线相匹配，进行无缝对接，实现信息系统的互联互通。

本章小结

本章首先介绍了物联网的基本概念和物联网的起源与发展；然后介绍了物联网的体系结构，从下到上依次划分为感知层、网络层、应用层三个大层次；接着对网络与通信技术、无线传感器网络技术、RFID 技术、M2M 技术、GPS 技术、云计算技术、大数据系统等物联网的关键技术进行了介绍，使读者对物联网的技术有了基本了解；最后对物联网的产业发展以及在物流领域的应用进行了分析。在国家政策及经济、技术等因素的推动下，我国物联网产业得到了快速的发展。

第2章

物联网与智能物流系统

- 智能物流系统概述
- 基于物联网的智能物流模式
- 物联网的智能物流系统设计
- 物联网的智能物流系统实施

2.1 智能物流系统概述

随着信息技术的发展，智能物流系统日益成熟。智能物流信息化和综合化的管理与监控，不仅提高了企业效益，也从整体上提高了企业的信息化水平，进而带动了整个产业的发展。传统物流向智能物流转变，物流的智能化、网络化、信息化，成为物流企业在信息化时代生存和发展的必要条件。

2.1.1 定义

智能物流系统（Intelligent Logistics System，ILS）是在先进的科学技术如计算机技术、数据通信技术、传感器技术、电子控制技术、自动控制理论、运筹学、人工智能等基础上，以电子商务方式运作的、为客户提供增值性服务的现代物流服务管理体系。即在一个集成的环境下对采集的信息进行分析和处理，实现物流过程中运输、存储、包装、装卸等环节的一体化和智能化。智能物流系统更加突出"以客户为中心"的理念，根据消费者需求变化来灵活调节生产工艺，是为物流服务提供商和客户提供详尽的信息和咨询服务的系统。

根据以上定义，智能物流系统具有如图 2-1 所示的含义。

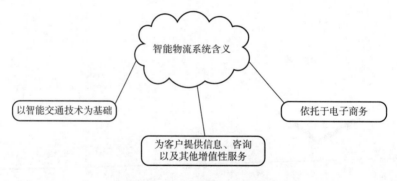

图 2-1 智能物流系统含义

2.1.2 系统的特征

智能物流系统的总体效果就是能够使物流各项资源发挥最大效能，为客户提供便捷、及时、准确的服务。区别于传统的物流系统，智能物流系统具有智能化、一体化、自动化、透明化、柔软化和社会化等特征。

① 智能化。这是物流系统发展的必然趋势，是智能物流系统的核心特征。随着人工智能技术、自动化技术、运筹学理论和专家系统等技术的发展，智能化地获取、传递、处理信息，使物流系统能模拟人的思维进行感知、学习、推理和自行解决问题。它不限于解决库存水平的确定、运输道路的选择、自动跟踪的控制、自动分

拣的运行、物流配送中心的管理等问题，随着时代的发展，物流系统将被不断地赋予新的内容。

② 一体化。 这是智能物流系统的典型特征。 物流活动不仅包括企业内部生产过程中的全部物流活动，也包括企业与企业、企业与个人之间的全部物流活动。 智能物流的一体化是指智能物流活动的整体化和系统化，它是以智能物流管理为核心，将物流过程中的运输、存储、包装、装卸等形成一个有机的统一整体，其中应用的各种现代化技术并不是简单地组合和堆砌，而是各种技术之间相互作用、相互交融、相互协调、相互配合，这样一个整体有利于资源的整合及优化配置，以最低的成本向客户提供最满意的物流服务。

③ 自动化。 自动化是指设备和设施的自动化，包括运输、包装、分拣、识别等作业过程的自动化。 物流设施的自动化主要体现在交通设施自动化、仓储自动化、设施作业衔接自动化、货运场站的自动化和交通枢纽的综合自动化等几个方面，依托于自动识别系统、自动监测系统、自动分拣系统、自动存取系统、货物自动跟踪系统及信息引导系统等技术来实现对物流信息的实时采集和追踪。

④ 透明化。 智能物流系统的透明化是指在科学技术不断发展的背景下，智能物流系统能够高效地实现透明化。 在系统实际运行的过程中能够针对各个物流中的产品进行物件标记，为有关产品贴上包含自身信息以及产品信息的标签，便于相关人员在明确产品实际信息的基础上开展对物流资源产品的识别工作，提升物流系统信息的透明度以及公开化。

⑤ 柔软化。 柔软化是为实现"以客户为中心"的理念而在生产领域提出的，即根据消费者需求的变化来灵活调节生产工艺。 物流的发展也是如此，必须按照客户的需要提供高度可靠的、特殊的、额外的服务。"以客户为中心"服务的内容将不断增加，服务的重要性也将越来越高，没有智能物流系统的柔软化是不可能达到的。

⑥ 社会化。 这是物流系统发展的必然趋势，随着物流设施的国际化、物流技术的全球化和物流服务的全面化，物流活动不再局限于一个企业、一个区域或一个国家。为实现国际间的产品流动和交换，促进区域经济的发展和世界资源优化配置，一个社会化的智能物流体系正在逐渐形成。

2.1.3 系统的目标

随着工业4.0以及数字经济时代的来临，全球化进程加快，智能物流首先意味着数字化、智能化。 物流的功能也不再单纯是为了降低成本，而是发展成为提高客户服务质量，以提高综合竞争力。 智能物流系统希望使物流从被动走向主动，实现物流过程中的主动获取信息，主动监控车辆与货物，主动分析信息，使商品从源头开始被实施跟踪与管理，实现信息流快于实物流；通过对大量数据的分析，对客户的需求、商品库存、智能仿真等做出决策；在物流管理的优化、预测、决策支持、建模和仿真、全球化管理等方面应用，使企业的决策更加准确和科学。

基于此建立智能物流系统有以下两个目标（如图 2-2 所示）：

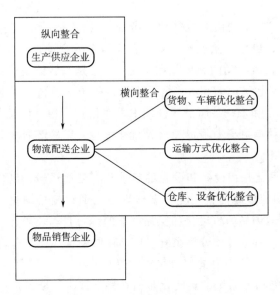

图 2-2　智能物流系统的目标

① 横向整合。横向整合是对企业本身进行重组，实现资源间集合要素优势、企业节约生产成本，将物流"做大"。横向整合能够整合整个物流行业的各种资源，如货物、车辆信息，运输方式路线等，更加细致灵活地管理物流生产活动，提高资源利用率和生产力水平，降低企业成本。

② 纵向整合。纵向整合是指整个产业链上下游之间进行的整合。进行专业化类别的信息采集，加工后使整个流程得以优化，将物流"做专"。通过纵向整合，物流企业可以提供专业化、个性化的定制服务，为生产供应产业、物流配送企业、物品销售企业提供及时互联互通的平台，使企业能够实现对物流活动全过程中各个环节的监控，并对突发情况进行及时响应、自动决策、智能应对。

2.2　基于物联网的智能物流模式

物联网技术是以传感网、数据融合分析系统、智能决策系统等为特征的延长和增强了人类认知功能的方法体系，它主要由传感网、通信网、决策应用层三个部分组成，物联网的核心是物联、互联与智能。智能物流系统的关键是能够准确地采集信息，又能与相关的网络资源互联互通，能够智能地分析需求、规划方案、优化匹配运力等。如图 2-3 所示，将基于物联网技术的智能物流系统分为以下几个部分：

① 智能物流管理系统。该系统涉及仓储作业管理、运输及配载管理、财务管理、人力资源管理等内容，通过使用计算机技术、通信技术、网络技术等手段，以及物联网中的 RFID 技术、条码技术等，建立有关商品库存、运输等信息管理系统，实现客源优

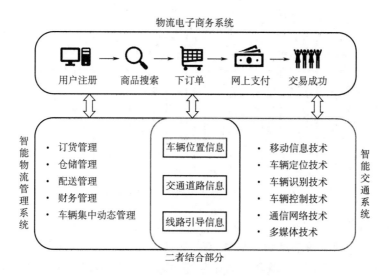

图 2-3　基于物联网的智能物流系统

化、货物流程控制、数字化仓储、客户服务管理等的信息支持，以提高物流信息的处理和传递速度，使物流活动的效率和快速反应能力得到提高，提供更人性化的服务，完善实时物流跟踪，减少物流成本。

② 智能交通系统。　智能交通系统主要是应用卫星定位、运筹学、自动控制等技术为智能物流系统提供道路动态交通信息、车辆位置信息，加强了车辆、道路、使用者三者之间的联系，保证车辆高效畅行和实时地监控和掌握车辆的位置运动状态，形成一种定时、准确、高效的综合运输系统。

③ 物流电子商务系统。　物流电子商务就是利用网络技术和电子支付系统等，实现物流服务的电子化、网络化、虚拟化交易，高效地为用户提供物流服务，从而为物流服务提供方实现收益。

2.3　物联网的智能物流系统设计

物流系统的功能要素一般有运输、存储保管、包装、装卸、搬运、流通加工、配送等信息，将这些基本能力有效地组合连接在一起，便形成了智能物流系统。

2.3.1　系统的结构

智能物流系统是基于物联网技术，在系统中实现收集、传输信息和智能决策的智能化物流系统，为了构建一个综合性的系统，智能物流系统应包括多个智能子系统。　如图 2-4 所示，系统总体可分为智能物流信息子系统、智能运输子系统、智能产品追溯子系统、智能仓储管理子系统、智能物流配送子系统、智能流通加工子系统、智能包装子系统、智能装卸搬运子系统及智能决策支持子系统等。

① 智能物流信息子系统。　智能物流信息子系统的任务包括信息采集、信息发布、

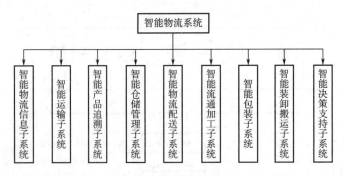

图 2-4　智能物流系统结构

电子商务和物流信息管理等方面，不仅将运输、存储、包装、配送等物流活动联系起来，而且还能对所获取的信息和知识加以处理和利用，进行优化和决策。 信息采集主要通过 RFID 技术、条码技术等对货物库存等关键信息进行采集；信息发布通过互联网发布有关货物余量以及在运输中的各种数据等；物流信息管理主要包括完成订购计划、配送计划、对运输工具的实时监控等。

② 智能运输子系统。 运输是物流系统的一个重要组成部分，也是物流的核心业务，通常有铁路运输、公路运输、航空运输、水路运输等运输服务方式。 智能运输系统在运输工具以及货物上安装传感器等追踪识别装置，实时动态采集车辆信息以及货物信息，提供预计到达时间以及货物状态等一系列信息。

③ 智能产品追溯子系统。 智能产品追溯子系统是保证产品质量以及货物安全的重要手段，利用文字识别、语音识别、图像识别等一系列技术，从产品的生产、收购、运输、存储、销售和配送等各个环节进行信息采集、存储和处理，从源头开始对各个节点的信息进行控制，为各环节信息的溯源提供服务。

④ 智能仓储管理子系统。 智能仓储管理子系统可以进行进货管理、出货管理、库存管理以及自动获取产品信息和仓储信息，自动形成并打印入库和出库清单，动态分配货位，实现随机存储，随机抽查盘点和综合盘点产品库存数量、库存位置、库存时间和货位信息，汇总和统计各类库存信息，输出各类统计报表。

⑤ 智能物流配送子系统。 智能物流配送是指采用网络化的信息技术、智能化的作业设备及现代化的管理手段，按客户的订货要求和时间计划，进行一系列自动分拣、配货等工作，高效地将货物输送给客户的过程。 配送系统是运输服务的延伸，和运输服务不同，配送服务是短距离、多品种、高频率的货物运输服务，是物流系统的最末端。

⑥ 智能流通加工子系统。 流通加工服务是在物品流通过程中，为了有效地利用资源，方便用户，提高物流效率和促进销售，对某些原材料或制成品进行辅助性的加工服务，可以给批量化生产的同一产品装饰不同的包装，还可以根据市场特征对产品进行组装，满足不同用户的需求，更好地衔接生产和需求环节。

⑦ 智能包装子系统。 智能包装是指以反映包装内容物及其内在品质和运输、销售过程信息为主的包装过程。 在其包装上加贴标签，如条形码、电子标签等；在仓储、运输、销售期间，记录包装商品在生命周期内质量的改变，来保证商品质量；利用化

学、微生物、动力学和电子技术等收集、管理被包装物的生产信息和销售分布信息，提高产品的可追溯性。顾客能够掌握商品的使用性，生产商可以根据销售信息掌握市场动态，及时调整生产、库存。

⑧ 智能装卸搬运子系统。智能装卸搬运系统将装卸货、存储上架、拆垛补货、单件分拣集成化物品等任务信息收集并传递到智能决策子系统，决策系统将任务分解成人员、物品需求计划，合理选择与配置装卸搬运方式和装卸搬运机械设备，尽可能减少装卸搬运次数，以节约物流费用，获得较好的经济效益。

⑨ 智能决策支持子系统。决策支持是帮助物流管理人员制定决策方案的有效手段。物流系统中存在着多种复杂物流问题需要进行决策，如采购决策、库存决策、配送决策、营销决策和设施选址问题等。智能决策支持子系统的任务是运用专家系统、人工智能等理论和方法建立数学模型和求解模型，给出最佳实施方案，为物流管理人员提供决策支持。

2.3.2 系统的关键技术

如果将建立智能物流系统比作一个建筑，系统的节后层次就相当于设计图，技术就是构建这个建筑的钢筋混凝土。如图 2-5 所示，智能物流系统的关键技术主要包括智能信息获取技术、智能信息传递技术、智能信息处理技术。

图 2-5　系统关键技术

① 智能信息获取技术主要包括射频识别技术、条形码技术、传感器技术、图像识别技术、GPS 技术等。射频识别技术应用于货物在中转集散地时，通过发射功率较大的读卡器可以对货物进行批量处理，在起点收货入库和终点配送出库时，可以使用发射功率较小的读卡器对货物进行单独扫描处理。条形码技术，可将商品的信息如品名、规格、数量、生产厂商、批号、流水线、生产日期、保质期、发运地点、到达地点、收货单位、运单号等写入条码，提高工作效率，使物流系统更加智能化。传感器技术在分拣环节的应用更是不能缺少，例如采用光电传感技术或者光幕传感技术对输送线上的物品扫描，进行信息读取、检测及复核。智能运输系统利用机器视觉系统还可以实时监测相关道路情况，及时调整线路，配合无人驾驶技术，能够减

少因其他因素造成的物流延迟，有效提高智能运输效率，增加企业的效益。智能配送系统通过配合机器视觉系统可以实现对建筑物、道路和收货人的自动识别，大大增加了物品派发的可靠性与准确性。GPS定位技术可为用户提供随时随地的准确位置信息服务。

② 智能信息传递技术主要包括 Wi-Fi 技术、蓝牙技术、ZigBee 技术、NFC 技术、4G/5G 技术等。将智能信息传递技术应用于物流仓库管理系统的设计工作中，并结合射频识别系统，实现进出仓库物资信息的读写工作，能够实现货物种类及数量的快速获取，并且能够有效地利用无线网络中的物资精确定位功能，将货物的存放位置传递给仓库终端的工作人员，不仅能够有效提升管理效率，而且对于安全性能的提升具有积极的作用。

③ 智能信息处理技术包括专家系统、数据挖掘、区块链、机器学习、神经网络等技术。它完全改变了仓库跟踪、管理和运送物品的方式，通过简化和自动化许多常见任务，使过程几乎完全自治。自动化在节省时间、降低成本、提高生产率和准确性方面发挥着关键作用。智能信息处理技术有助于优化物流路线，降低运输成本，增加利润；可以在几秒钟内收集、分析信息以做出明智的决策，并省时间。

2.3.3　系统的构建原则

在建立智能物流系统的过程中，若各部门不能相互配合，各个环节不能相互依存，则各环节容易造成重复设置，浪费资源。为避免所建立的系统不能充分发挥作用，我们在构建系统时应遵循整体最优原则、标准化原则、可扩展性原则。

① 整体最优原则。智能物流系统是一个庞大的系统，依靠每个环节的和谐配合，而不是某环节"一枝独秀"所能完成的。如果在运作过程中某一节点的功能严重失效，则可能给整个系统带来致命的伤害。构建科学的、有效的、合理的智能物流系统，必须从整体出发，多方位综合考虑影响因素，寻找整体最优方案。

② 标准化原则。系统各项技术遵循国际标准、国家标准、行业和相关规范。

③ 可扩展性原则。系统设计要考虑到未来发展，设计简明，降低各功能模块耦合度，并充分考虑兼容性。系统能够支持对多种格式数据的存储，提高系统的可扩展性。

2.4　物联网的智能物流系统实施

智能物流在快递服务、零售行业、食品供应链方面已经得到了比较广泛的应用。

2.4.1　系统的应用

京东的智能物流系统京东云仓（图 2-6），是京东物流向商家和物流企业开放的第三方物流服务平台，集仓储、运输、配送等多种功能于一体。京东云仓建立了仓库群，整合供应商资源，在仓库中实施无线条码技术与全景监控；建立配送站，提供送货上门与网点自提两种模式，整合配送网络资源，实现仓配一体化。京东云仓提供了更专业的物流产品，实现智能化管理，提供自动化、智能化设备，提高货物拣选效率，提高物流效率，让商品出入库更便捷，出库作业快速稳定，利用大数据节省物流费用，提高配送效率，并且每一步都可在移动端实时查询。

图 2-6　京东云仓

2005 年，沃尔玛就要求前 100 家供应商必须在出厂的商品上粘贴 RFID 条码，在第一时间和第一现场全面掌握沃尔玛商场货架上、托盘上、仓库中和运输途中的货物状态。经过检验，沃尔玛零售商场和配送中心应用此技术后，货物短缺率和产品脱销率都有显著降低，商品库存管理效率明显提高。沃尔玛的智能配送系统，供货商可以直接操作，实现信息共享，共同策划商品零售供应链管理，大幅度提高供货效率、速度和精准度，使双方收益提升。

2.4.2　系统对企业的影响

智能物流系统可以有效地降低企业成本以及提高企业利润，通过各行各业的互动协作，实现最终的智能调度管理、整合物流核心业务流程。智能物流系统同时也加速了物流产业的发展，推动了社会资源的优化配置。同时借助智慧物流，将分散的资源整合在一起，发挥整体的优势，实现传统物流行业的现代化以及升级转型。企业运用物联网的全方位感知能力、信息可靠有效传递和智能化处理等特征，提高了企业生产安全方面的特性，降低了安全生产问题及事故的发生率，在越来越多的方面为企业带来了效率的提升，同时也为企业的智能融合奠定了基础。

📚 本章小结

物流智能化是物流产业发展的重要方向，自采用智能物流系统以后，物流服务可以向上延伸到电子商务、市场调查、行业预测等方面；向下可以延伸到物流咨询、物流方案规划、库存控制决策、货款回收与结算、教育与培训、物流系统设计等方面。随着全球一体化的加速发展和互联网、物联网技术的更广泛应用，智能物流必然将迎来一个全新的发展机遇。

第**3**章

物联网技术在乳制品供应链追溯中的应用

3.1 乳制品供应链概述

3.1.1 乳制品供应链相关概念

乳制品是以生鲜牛（羊）乳及其制品为主要原料，经加工制成的产品。其具体分类如表3-1所示。

表3-1 乳制品分类表

液体乳类	杀菌乳	以生鲜牛（羊）乳为原料，经过巴氏杀菌处理制成的液体产品。经巴氏杀菌后，生鲜乳中的蛋白质、极大部分维生素基本无损，但是没有100%地杀死所有微生物，所以杀菌乳不能常温储存，需低温冷藏储存，保质期为2～15天
	酸牛乳	以生鲜牛（羊）乳或复原乳为主要原料，添加或不添加辅料，使用保加利亚乳杆菌、嗜热链球菌等菌种发酵制成的产品。按照所用原料的不同，分为纯酸牛乳、调味酸牛乳、果料酸牛乳；按照脂肪含量的不同，分为全脂、部分脱脂、脱脂等品种
	灭菌乳	以生鲜牛（羊）乳或复原乳为主要原料，添加或不添加辅料，经灭菌制成的液体产品。由于生鲜乳中的微生物全部被杀死，灭菌乳不需冷藏，常温下保质期为1～8个月
乳粉类	乳粉	以生鲜牛（羊）乳为主要原料，添加或不添加辅料，经杀菌、浓缩、喷雾干燥制成的粉状产品。按脂肪含量、营养素含量、添加辅料的区别，分为全脂乳粉、低脂乳粉、脱脂乳粉、全脂加糖乳粉、调味乳粉和配方乳粉
	配方乳粉	针对不同人群的营养需要，以生鲜乳或乳粉为主要原料，去除了乳中的某些营养物质或强化了某些营养物质（也可能二者兼而有之），经加工干燥而成的粉状产品。配方乳粉的种类包括婴儿、老年及其他特殊人群需要的乳粉
炼乳类	炼乳	以生鲜牛（羊）乳或复原乳为主要原料，添加或不添加辅料，经杀菌、浓缩制成的黏稠态产品。按照添加或不添加辅料，分为全脂淡炼乳、全脂加糖炼乳、调味/调制炼乳、配方炼乳
干酪类	干酪	以生鲜牛（羊）乳或脱脂乳、稀奶油为原料，经杀菌、添加发酵剂和凝乳酶，使蛋白质凝固，排出乳清，制成的固态产品
其他乳制品类	干酪素	以脱脂牛（羊）乳为原料，用酶或盐酸、乳酸使所含酪蛋白凝固，后将凝块过滤、洗涤、脱水、干燥而制成的产品
	乳清粉	以生产干酪、干酪素的副产品——乳清为原料，经杀菌、脱盐或不脱盐、浓缩、干燥制成的粉状产品
	乳糖	以生产干酪、干酪素的副产品——乳清为原料，经分离、浓缩、结晶、干燥制成的晶体粉状产品
	乳脂肪	以生鲜牛（羊）乳为原料，用离心分离法分出脂肪，此脂肪成分经杀菌、发酵或不发酵等加工过程，制成的黏稠状或质地柔软的固态产品。按脂肪含量不同，分为稀奶油、奶油、无水奶油

其他乳制品类	复原乳	又称还原乳或还原奶，是指以乳粉为主要原料，添加适量水制成与原乳中水、固体物比例相当的乳液
	发酵乳	以生乳为原料添加乳酸菌，经发酵而制成的饮料或食品，大多尚未经过调味。发酵乳又称优酪乳，固体状的又称优格。发酵乳中所含的乳酸菌有很多种，其中有一些能在人体肠道中生长繁殖，具有整肠作用，有一些则不能在人体肠道中繁殖，但整体而言，发酵乳中含有蛋白质、矿物质（尤其是钙）、维生素与乳酸，为一种良好的食品，需注意其他添加物如糖、香料、色素等是否合格
	地方特色乳制品	使用特种生鲜乳（如水牛乳、牦牛乳、马乳、驴乳、骆驼乳等）为原料加工制成的各种乳制品，或具有地方特点的乳制品（如奶皮子、奶豆腐、乳饼、乳扇等）

乳制品供应链以乳制品为研究对象，围绕核心企业，通过对物流、信息流、资金流的控制，从奶源采购开始，经乳品生产、加工、配送把乳制品转移到超市、商场、食堂等终端场所，最后销售给消费者。乳制品供应链是将乳牛养殖场、乳制品生产企业、原料奶加工企业、配送商、零售商以及最终消费者连成一个整体的功能网链模型。其结构如图 3-1 所示。

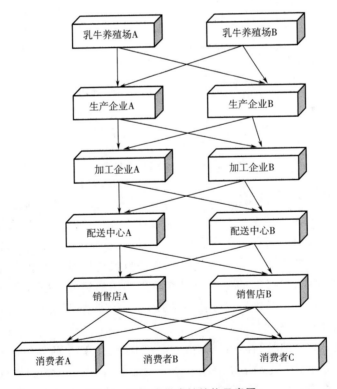

图 3-1　乳制品供应链结构示意图

3.1.2 乳制品供应链的模式

一般而言，乳制品供应链包括产前、产中、产后三大环节。产前主要包括信息指导和奶源采购；产中主要包括乳制品的生产加工过程；产后主要包括流通、消费等环节。根据在供应链中起主导作用环节的不同，乳制品供应链可以分为以下三种模式。

（1）核心企业型模式

该模式所对应的供应链是以乳制品加工企业为主导的，此种供应链模式可以分为"公司＋奶农"和"公司＋奶源基地＋奶农"两种类型。核心企业型供应链模式如图3-2所示。

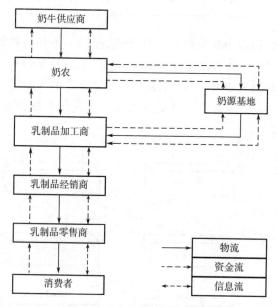

图 3-2　核心企业型供应链模式

"公司＋奶农"的模式起源于 20 世纪 90 年代末，黑龙江省奶业企业竞相崛起，一些奶业企业在养牛户相对较多又有发展前景的地方扎根落户，并逐渐形成由龙头企业带动农户增收的"公司＋奶农"产业模式。这种模式的组织形式是：乳制品加工企业帮助奶农联系优质的奶牛品种并为其提供资金，奶农则利用加工企业所提供的资金从生产资料供应商处购买所必需的生产资料来负责奶牛的饲养，最后乳制品加工企业从奶农那里收购其生产的原料奶来进行乳制品加工，再经过乳制品的经销、零售等多个环节最终转移到消费者手中。

该种网链模式对应的乳制品供应链由五个环节组成：奶牛的养殖环节、原料奶生产环节、乳制品加工环节、乳制品经销环节及乳制品销售环节。乳制品供应链的要素主体包括生产资料供应商、奶农、乳制品加工企业、乳制品经销商、乳制品零售商、消费者。

另一种核心企业型供应链模式则是"公司＋奶源基地＋奶农"模式，蒙牛集团、雀巢公司、光明乳业以及完达山乳业都是采用这种模式。 该模式脱胎于"公司＋奶农"模式，由于饲养奶牛的农户增多，规模扩大，乳制品加工企业为了取得稳定、高质的奶源，延长乳制品前向的产业链条，从而建立奶源基地，奶农集中到基地榨乳，或者在规定时间挤奶，再将奶送到奶源基地。 该种网链模式对应的乳制品供应链也由五个环节组成：奶牛的养殖环节、原料奶生产环节、乳制品加工环节、乳制品经销环节及乳制品销售环节。 乳制品供应链的要素主体包括生产资料供应商、奶农、乳制品加工企业、乳制品经销商、乳制品零售商、消费者。

核心企业型的乳制品供应链模式的优势表现为以下几点：

① 物流更为顺畅。 奶农在加工企业提供的资金、技术支持下进行奶牛的养殖，乳制品加工企业可以更为便利地进行原料奶的收购以及乳制品的加工，再经过经销商、零售商转移给消费者，这些使得整条供应链的物流更为通畅、便捷。

② 供应链相对稳定。 无论是"公司＋奶农"模式还是"公司＋奶源基地＋奶农"模式，奶农和乳制品加工企业都以契约（合同）的形式连接起来，实现长期、稳定的交易。 乳制品加工企业在能够保证奶源稳定的前提下，与下游分销商的联系也将更为稳定，这些都大大加强了整条供应链的稳定性。

③ 提高乳制品质量。 在该种模式下，乳制品加工企业对奶农实施技术指导、监督、统一生产标准、保证原料奶的质量，从而可大大提高乳制品的质量。

尽管核心企业型网链模式具有较多的优势，但是由于信息的不对称性和不完全性，奶农处于供应链的末端，奶农参与市场的积极性可能会受影响。 此外，信息的不对称通常还会引发道德风险和逆向选择。 由于市场对风险的承载能力有限，奶农和公司虽然签订了收购协议，规定了收购的质量、价格等事项，但当市场供需发生剧烈变化，超过了公司和奶农的承担限度时，订单的实现会变得十分困难，违约将不可避免。

（2）超市网链型模式

自20世纪90年代以来，超市已逐渐成为人们生活中不可缺少的一部分。 较大规模的超市几乎都经营乳制品产品，超市作为一种零售业态，直接为消费者提供商品和服务，相对于供应链上的其他节点而言，超市具有更快的市场需求反应能力。 因此，超市具备了主导供应链的条件，在各地以超市为纽带和核心的乳制品供应链开始形成。超市网链型模式是以超市为核心的连接生产资料供应商、奶农、乳制品加工企业、最终消费者的乳制品供应链模式。 具体的超市网链型模式供应链如图3-3所示。

超市型乳制品网链模式的优势具体表现在以下几个方面：

① 需求反应速度和准确度提高。 超市作为供应链的末端直接连接消费者，通过完善的信息系统能够快速地获取消费者的需求信息并将信息反馈给供应链其他节点，整条供应链的需求反应速度得到提高。

② 节约成本。 超市通过整合各个门店的需求来进行集中采购与统一配送，一方面降低了采购、运输、存储成本；另一方面，上游企业也可以进行规模化生产与加工，从而进一步降低了整条供应链的成本。

③ 供应链稳定性增强。 大规模的超市具有足够的资金保障与稳定的合作伙伴，可以直接向上游加工企业下订单并及时反馈需求信息，从而降低了牛鞭效应，增强整条供

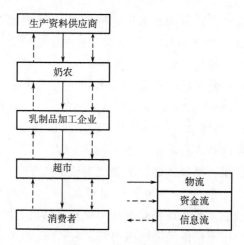

图 3-3　超市网链型模式

应链的稳定性。

但是超市网链型模式也有它自身的不足：虽然此种模式的供应链可以大大降低库存但不能消灭库存，库存管理机制的不完善会导致乳品制造商与超市的利益协调难度加大。

（3）连锁配送型网链模式

当经营乳制品的连锁超市不断扩大规模，进而在全国各地形成多家分店后，各个分店对乳制品的需求差异大相径庭。为了尽量控制由这些差异所引起的成本增加，需要一个相对安全且稳定的能满足各个店面差异的供应源，这时就产生了配送中心。配送中心对各个连锁分店的订货进行汇总、加工、包装、分拣、配送，最终按时、按质、按量地将订货送到各分店。具体的连锁配送型模式供应链如图 3-4 所示。

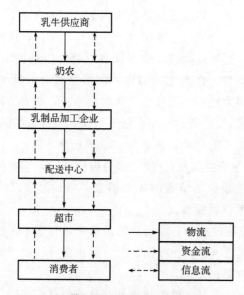

图 3-4　连锁配送型网链模式

连锁配送型网链模式的优点是：降低物流成本的同时又提高供应链的整体效率。乳制品配送中心与连锁超市合作实施集中采购、统一发货的配送方式，并通过对市场信息反馈来减少与库存、运输等有关的物流费用，最终达到降低物流成本，提升连锁超市的竞争优势，提高供应链整体效率的目的。

（4）多种网链模式并存

通过以上分析可得出，不同的网链模式具有不同的优点和局限性，但现实生活中，大部分乳制品供应链呈现出的是多种网链模式并存的格局。本书也正是基于这种多种网链模式并存的供应链模式进行研究的，具体的供应链网链模式如图3-5所示。

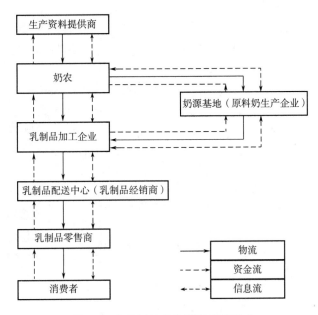

图 3-5　多种网链并存型供应链模式

以上所述是乳制品供应链的四种运营模式，不同类型和规模的企业适合不同的供应链运营模式，相应地，不同的运营模式下也会有不同的供应链追溯模式，下面详细阐述乳制品供应链的不同追溯模式。

3.2　乳制品供应链追溯模式分析

3.2.1　乳制品供应链的可追溯性

国际食品法典委员会（CAC）与国际标准化组织（ISO）对可追溯性的定义是：通过登记的识别码，对商品或行为的历史或位置予以追踪的能力。即可追溯性是利用已记录的标记，对产品的历史、所处场所、应用情况或活动进行追溯的能力。

据此概念，乳制品追溯是指在乳制品供应链的整个过程中对乳制品的各种相关信息进行记录存储，其目的是在出现乳制品质量问题时，能够快速有效地查询到出问题的环节，必要时进行乳制品召回，实施有针对性的惩罚措施，以此来提高乳制品质量水平。乳制品质量安全的控制应当跟踪乳制品生产的全过程，从乳牛养殖场到消费者购买乳制品，保证消费者消费的乳制品都能追溯到乳品生产的各个环节。

3.2.2 供应链追溯模式

近些年来乳制品安全事件相继爆发，乳制品安全问题引起了人们的广泛关注，实施乳制品信息追溯的重要性日益凸显。

（1）现行追溯运行模式分析

追溯信息的保存和链接方式决定了追溯的模式。分析现有追溯系统，其追溯模式大致可以分为链式追溯模式、交叉式追溯模式、中央数据库式追溯模式、指针式追溯模式和混合式追溯模式五类。

① 链式追溯模式。链式追溯是指产品追溯所需要的信息随着物料流沿着供应链从上游到下游一级一级传递，各环节的企业在接收到物料后再对产品进行标识，标识中记录了产品的一些相关信息，当消费者或某些组织需要追溯产品的相关信息时，只能随着供应链进行逐级追溯，不能跨环节追溯。链式追溯模式如图 3-6 所示。

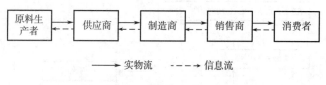

图 3-6　链式追溯模式

在实施链式追溯时，企业只能遵循"向前一步，向后一步"的原则，追溯信息由企业各自保存，物料流经过各个环节时，相关信息由相对应环节的企业自身保存起来，而信息的共享也仅限于有直接业务联系的企业间发生。

链式追溯模式的优点在于操作简单，且不需要开发统一的数据接口，实施成本低；缺点是反馈时间较长，效率低，一个节点出现问题就会导致整个追溯链中断，并且安全性不高。

对于业务包含乳制品供应链全程的集团型企业，在进行集团企业内部的信息追溯时，各下属企业之间可以采用这种链式追溯模式。

② 交叉式追溯模式。当供应链中某个节点企业对应多个上游企业或多个下游企业时，该节点实行的就不是单一的直线型追溯模式，就出现了交叉式追溯模式，如图 3-7 所示。

交叉式追溯模式和链式追溯模式一样也没有统一的数据接口，区别是信息在向供应链传递时会在某个节点处汇集，然后再分散向下游传递。交叉式追溯模式的优点在于当非关键节点出现问题时不会导致追溯链中断，可以通过其他节点继续追溯；缺点是当关键节点出现问题时，会导致整个追溯链中断。

核心企业比较适合采用交叉式追溯模式。比如在加工企业占主导作用的供应链上，加工企业有多个上游供应商及多个下游销售商，上游供应商的产品及信息汇集在此

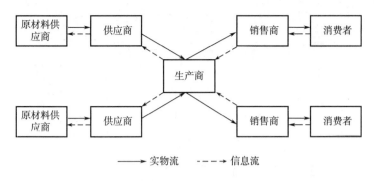

图 3-7 交叉式追溯模式

处,并从此处向下游提供产品及相关信息。

③ 中央数据库式追溯模式。 随着以政府监管为主导的追溯平台的建立,需要建立统一的数据接口,于是就出现了中央数据库式追溯模式,如图 3-8 所示。

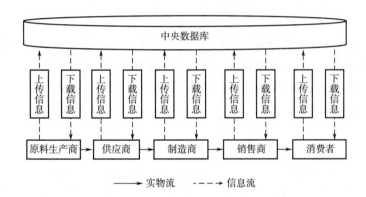

图 3-8 中央数据库式追溯模式

供应链各节点需要将追溯信息直接上传至中央数据库,而中央数据库作为统一的数据接口来保存追溯信息。 用户需要查询时,通过向中央数据库发出查询请求来获取相应的信息。

在此种追溯模式下,供应链各节点企业不需要建立自己的数据库,所有数据会保存在一个统一的中央数据库中,这使得数据的保存和链接更为便利。 企业能够通过中央数据库在自己的权限范围内查询到供应链各个环节的信息,这样便实现了整条链的可视化管理;另一方面,由于大量的数据需要保存在中央数据库中,这对中央数据库的负载能力提出了很高的要求,并且各地中央数据库之间的兼容问题也成为实施该种追溯模式的阻碍。

④ 指针式追溯模式。 为了缓解中央数据库的压力和解决兼容性问题,指针式追溯模式继而被引入,这种追溯模式需要节点企业建立独立的数据库来存储追溯信息,同时向外部提供数据接口以实现信息交互,如图 3-9 所示。

指针式追溯模式有效地减轻了中央数据库的压力,确保了信息的安全性和多样性;但此种追溯模式对企业的网络结构和性能要求比较高。

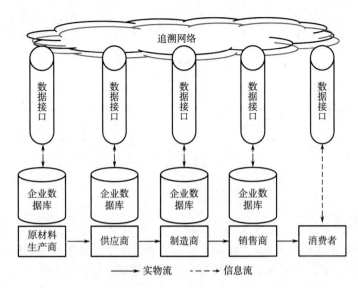

图 3-9　指针式追溯模式图

这种追溯模式比较适合普及和推广。因为大多数企业出于对信息安全性的考虑，都会建立自己的数据库，而不愿意盲目地把数据保存在中央数据库中。

⑤ 混合式追溯模式。结合我国企业的实际情况，钱恒等提出一种融合上述追溯模式的新型混合式追溯模式，如图 3-10 所示。

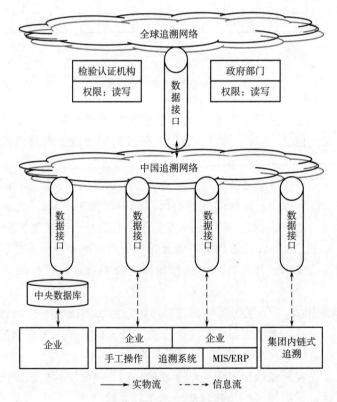

图 3-10　混合式追溯模式

这种追溯模式建立在统一数据格式的基础上，所有接入追溯网络的企业都需要采用相同的数据格式，这就解决了中央数据库式追溯模式系统之间的兼容性问题。同时，不同类型的企业可以根据自己的特点有针对性地采用适合自己的追溯方式。

例如中大型企业可以自己建立追溯系统，对外只需提供与企业数据库交互的数据接口。小型企业可以采用中央数据库式追溯模式，将追溯信息存储到中央数据库，且不需要建立自己的数据库。混合式追溯模式可实现全国追溯体系的兼容及信息的统一检索和查询。结合物联网，可以将这种追溯模式全球化，即可实现国内外追溯体系的互联互通。

这种追溯模式可以根据业务关系分配不同权限，如政府的读写权限、消费者的查询权限。混合式追溯模式的提出，满足了政府部门、第三方检验认证机构、企业和消费者等多用户需求。

上述五种追溯模式的对比如表 3-2 所示。

表 3-2　五种追溯模式对比

追溯模式	优点	缺点	适用范围
链式追溯模式	成本低，操作简单	效率低，安全性不高	集团企业
交叉式追溯模式	具有一定保障性	关键节点出问题，会导致追溯链中断	核心企业
中央数据库追溯模式	数据存储方便、整条链透明化	中央数据库压力大，兼容性要求高	政府主导平台、中小企业
指针式追溯模式	信息安全性和多样性	对企业网络结构和性能要求较高	有自身数据库的企业
混合式追溯模式	扩展性和兼容性好	管理复杂，对网络要求高	全部企业

不同企业会根据自身信息化水平、内部已有的管理方式、追溯的目标等众多因素情况选择适合自己的追溯模式。因此，很难孤立地判断一个企业应该采用哪种追溯模式。

（2）基于 EPC 物联网的追溯运行模式分析

为了实现乳制品的全球追溯，在现有追溯模式的基础上，引入 EPC 物联网概念，提出基于 EPC 物联网的追溯模式，如图 3-11 所示。通过 EPC 标签、读写器、传感器等设备，利用各种通信技术和约定的协议，搭建全球追溯网络，该网络采用统一的 EPC 编码管理方案，对追溯对象进行唯一标识，最终实现在任何时间、地点，可用任何方式来查询购买产品的相关信息。

基于 EPC 物联网的追溯模式在混合式追溯模式的基础上引进了 EPC 物联网技术，供应链上的节点企业通过射频识别等技术，把产品信息保存到企业自身的 EPCIS 服务器上。通过对象名解析服务（Object Name Service，ONS）服务器来完成 EPC 编码和对应的 EPCIS 服务器 URI 地址的映射解析，平台上的根 ONS 服务器进一步对本地 ONS 服务器进行注册，消费者在平台上输入产品的追溯码时，通过根 ONS 服务器找到企业的本地 ONS 服务器地址，再通过企业的本地 ONS 服务器访问 EPCIS 服务器的

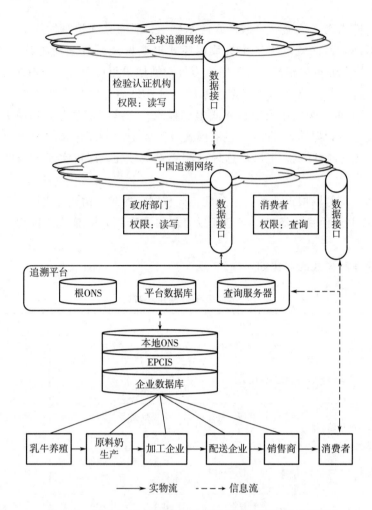

图 3-11　基于 EPC 物联网的乳制品供应链追溯平台模式

URI 以获取产品信息。 该追溯模式，通过使用 EPC 物联网技术，大大提高了企业的工作效率和信息追溯的准确性。 通过 EPC 唯一标识产品，实现产品的全球追溯。

模式中的供应链节点企业包括乳牛养殖企业、原料奶生产商、乳制品加工企业、配送中心和专卖店。 这种模式下的追溯主体有三个：企业、政府部门和消费者。 节点企业负责企业自身信息的建立、维护以及 EPC 注册，通过该平台，节点企业可以查询到产品的流向和溯源信息；消费者购买产品后，利用产品上的追溯码，通过该平台可以查询到产品的相关信息，如制造商、生产日期及在供应链上流经的环节信息等；政府部门负责追溯平台的构建和追溯信息的维护，通过该平台对供应链上的企业和产品进行监督管理。 当出现问题时，消费者可以通过该平台进行投诉来维护自己的合法权益，企业通过该平台进行相关问题产品的召回，避免造成更大范围的危害，政府部门在整个过程中进行监管。

在这种模式下，可以根据不同的身份分配不同的权限，如消费者的查询权限和政府部门的读写权限。 权限的合理分配，一方面便于主体各尽其责，另一方面保证了数据的安全性。

3.3 基于 EPC 物联网技术的乳制品 供应链追溯平台的设计研究

乳制品供应链追溯平台的建立是为了进一步保证乳制品的质量安全，主要是在乳制品的生产、加工、配送和销售过程中，对乳制品的静态数据和动态数据进行实时跟踪、记录，以及通过追溯平台提供的查询服务来满足供应链各节点的需求。

3.3.1 平台总体结构

乳制品供应链追溯平台的总体结构如图 3-12 所示。

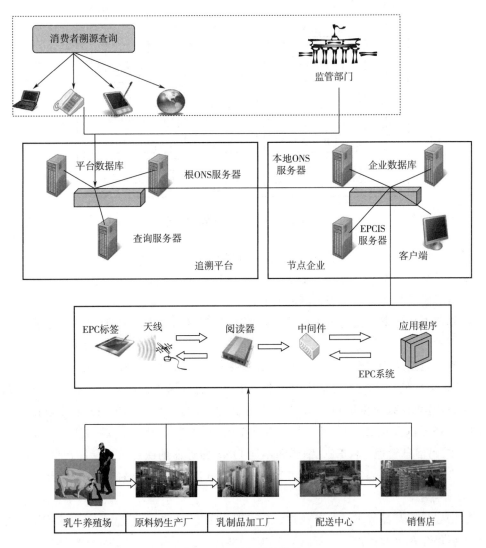

图 3-12 平台总体结构

EPC 物联网乳制品供应链追溯平台可以保障乳制品的安全性及全程可追溯性，每个节点企业都有对应的 EPCIS 服务器来存储 EPCIS 事件数据，这些数据一般都是动态数据，而本地 ONS 服务器中存储着 EPC 编码与 EPCIS 服务器 URI 地址的映射信息，同时企业还需将这些信息注册到根 ONS 服务器中。用户通过访问根 ONS 服务器来获取本地 ONS 服务器地址，进一步获取 EPCIS 服务器地址，并通过 EPCIS 服务器获取产品信息，这样就规范了乳牛养殖、原料奶生产、乳制品加工，乳制品配送及销售这五个环节。此外，在整条供应链中采用 EPC 标签进行标识来获取相关数据。

（1）系统的体系架构

追溯平台的体系架构如图 3-13 所示。

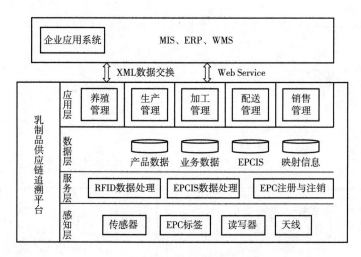

图 3-13　追溯平台的体系架构

根据上面的追溯平台架构图，可以看出追溯平台体系共有四个层次：感知层基于射频识别系统提供数据采集服务；服务层提供数据处理服务；数据层提供数据存储的服务；应用层提供其他类似于查询等的服务。

感知层有传感器、读写器、天线、EPC 标签等硬件设施，感知层位于追溯平台的底层。

服务层包括 RFID 数据处理、EPCIS 数据处理和 EPC 注册与注销三大模块。其中，RFID 数据处理模块主要是将读写器采集的原始数据进行过滤后传送给企业应用程序。EPCIS 数据处理模块负责与 EPCIS 服务器间的通信，将 EPCIS 事件数据传递给EPCIS 服务器以及从 EPCIS 服务器中查询 EPCIS 事件。EPC 注册与注销模块主要负责 EPC 编码信息管理，将 EPC 编码和本地 ONS 服务器的映射信息存储在根 ONS 服务器中，将厂商识别代码和对象分类代码与 EPCIS 服务器地址的映射信息存储在本地ONS 服务器上。

数据层包括产品数据、业务数据、EPCIS 数据以及映射信息。企业的产品数据、业务数据保存在企业数据库，对应的 EPCIS 事件数据保存在 EPCIS 服务器，映射信息同时保存在根 ONS 服务器和本地 ONS 服务器。

应用层包括养殖场、生产厂、加工厂、配送中心、零售店、政府部门、消费者对产品的追溯管理以及企业内部应用等。

同时，为了满足企业内部、企业之间对信息共享的要求，平台还提供相关数据接口，如 XML 数据交换、Web Service，将平台收集的数据在不同的应用程序之间交互。

（2）网络规划

基于 EPC 物联网技术的供应链管理追溯平台主要由 EPC 标签、手持式读写器、无线网络及数据库构成，各环节内部建立局域网，通过 Internet 与信息系统交互，实现信息共享。平台的网络结构如图 3-14 所示。

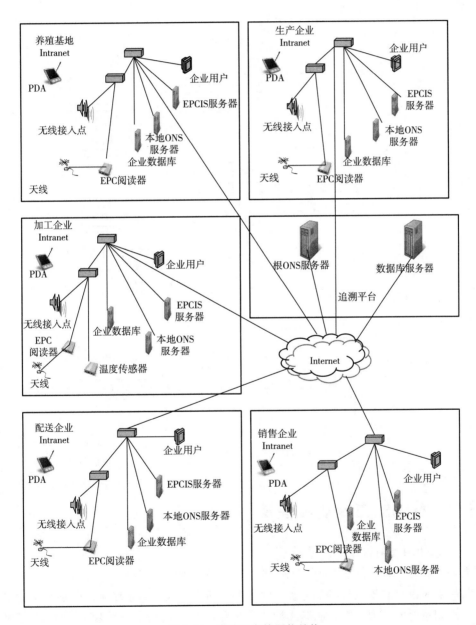

图 3-14　追溯平台的网络结构

节点企业采用传统 Internet 布局，内部结构基本一致，在 EPC 标签数据读取方面，采用固定式和手持式两种读写器，其中手持式读写器采用 802.11x 无线网络进行通信。出于安全方面的考虑，EPC 网络与企业局域网在物理上分开，通过交换机相连。平台的公共网络依托 Internet，通过根 ONS 服务器和数据库服务器实现不同节点间的信息共享，提供查询服务。

（3）系统的功能结构

根据上文描述，建立基于浏览器/服务器（Browser/Server，B/S）模式和客户端/服务器（Client/Server，C/S）模式相结合的分布式的追溯平台。平台的功能结构如图 3-15 所示。

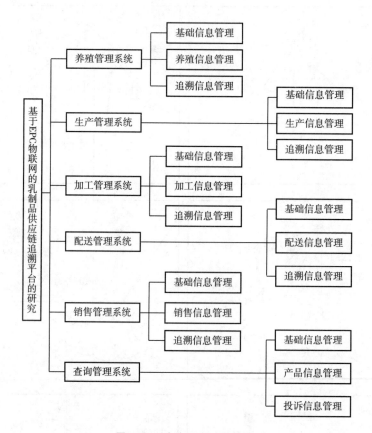

图 3-15　追溯平台功能结构

3.3.2　系统的主要功能模块

（1）乳牛的养殖管理子系统

乳牛的养殖管理系统主要监管的是乳制品供应链的乳牛养殖环节。乳牛养殖环节是乳制品供应链信息安全控制的起点，也是关键所在，利用养殖场生产管理系统记录奶牛从入圈到挤奶的所有信息，能够从源头上杜绝乳制品质量安全问题的产生。通过给乳牛安装基于 RFID 技术的电子标签，饲养员可以用手持设备及时记录它们的喂料、免疫、检疫等信息传回乳牛的养殖子系统，并上传到乳制品供应链跟踪追溯子系统。 本书研究的新型实施例的乳牛养殖子系统的功能结构示意图如图 3-16 所示。

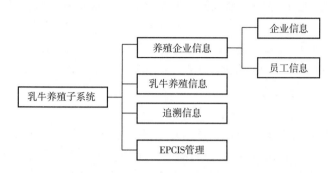

图 3-16　乳牛养殖子系统功能结构示意图

①　企业信息包括：厂商识别代码、企业名称（中文）、企业名称（英文）、注册地址（中文）、注册地址（英文）、注册地址邮政编码。

②　员工信息包括：员工编码、所属厂商识别代码、姓名、性别、年龄、籍贯、备注。

③　乳牛养殖信息包括：乳牛编号、厂商代码编号、饲养员编号、品种编号、卫生情况、饲料配方、用药情况、喂养时间记录、疾病防治记录。

④　追溯信息包括：维护本地 ONS 服务器、产品流向跟踪、EPCIS 时间管理。

⑤　EPCIS 管理包括：EPC 编码、EPCIS 时间、实际位置、状态信息、对象分类编码、本地 ONS 注册、事件监控。

（2）原料奶的生产管理子系统

图 3-17 为原料奶生产子系统的功能结构示意图。 原料奶的生产子系统包括：原料奶生产企业信息管理单元和原料奶生产信息管理单元。 原料奶生产企业信息管理单元详细记录了生产企业信息和员工信息，用于管理原料奶生产企业的基础数据；原料奶生产信息管理单元详细记录了用于管理原料奶的一系列生产信息。

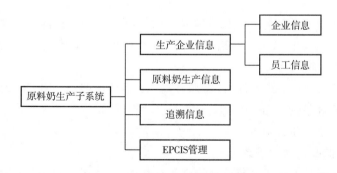

图 3-17　原料奶生产子系统功能结构示意图

①　企业信息包括：厂商识别代码、企业名称（中文）、企业名称（英文）、注册地址（中文）、注册地址（英文）、注册地址邮政编码。

② 员工信息包括：员工编码、所属厂商识别代码、姓名、性别、年龄、籍贯、备注。

③ 原料奶生产信息包括：原料奶储奶设备编号、挤奶设备编号、奶源奶牛编号、挤奶操作规范与否、生产企业厂商代码、入库时间、入库位置、出库时间、出库位置、相关添加剂。

④ 追溯信息包括：维护本地 ONS 服务器、产品流向跟踪、EPCIS 时间管理。

⑤ EPCIS 管理包括：EPC 编码、EPCIS 时间、实际位置、状态信息、对象分类编码、本地 ONS 注册、事件监控。

（3）乳制品的加工管理子系统

原料奶在原料奶生产企业进行品质检验合格后进入企业加工环节，图 3-18 为乳制品加工子系统的功能结构示意图。乳制品的加工子系统包括：加工企业信息管理单元和乳制品的加工信息管理单元。加工企业信息管理单元详细记录了加工企业信息和员工信息，用于管理加工企业的基础数据；乳制品的加工信息管理单元详细记录了用于管理乳制品的一系列乳制品的加工信息。

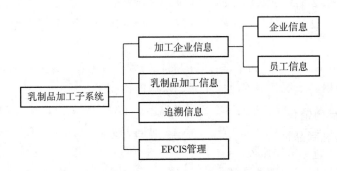

图 3-18 乳制品加工子系统功能结构示意图

① 生产企业信息包括：厂商识别代码、企业名称（中文）、企业名称（英文）、注册地址（中文）、注册地址（英文）、注册地址邮政编码。

② 员工信息包括：员工编码、所属厂商识别代码、姓名、性别、年龄、籍贯、备注。

③ 乳制品加工信息包括：乳制品编号、加工设备编号、原料奶存储设备编号、包装箱编号、入库位置、入库时间、出库位置、出库时间、乳制品加工厂商识别代码、操作员编号、相关添加剂。

④ 追溯信息包括：维护本地 ONS 服务器、产品流向跟踪、EPCIS 时间管理。

⑤ EPCIS 管理包括：EPC 编码、EPCIS 时间、实际位置、状态信息、对象分类编码、本地 ONS 注册、事件监控。

（4）乳制品的配送管理子系统

图 3-19 为乳制品配送子系统的功能结构示意图。乳制品的配送子系统包括：配送中心信息管理单元和配送信息管理单元。配送中心信息管理单元详细记录了配送中心信息和员工信息，用于管理配送中心的基础数据；配送信息管理单元详细记录了用于管理一系列配送的信息。

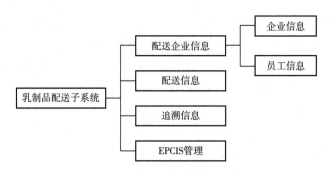

图 3-19　乳制品配送子系统功能结构示意图

① 企业信息包括：厂商识别代码、企业名称（中文）、企业名称（英文）、注册地址（中文）、注册地址（英文）、注册地址邮政编码。

② 员工信息包括：员工编码、所属厂商识别代码、姓名、性别、年龄、籍贯、备注。

③ 配送信息包括：包装箱编号、入库时间、入库位置、出库时间、出库位置、操作员编号。

④ 追溯信息包括：维护本地 ONS 服务器、产品流向跟踪、EPCIS 时间管理。

⑤ EPCIS 管理包括：EPC 编码、EPCIS 时间、实际位置、状态信息、对象分类编码、本地 ONS 注册、事件监控。

（5）乳制品的销售管理子系统

图 3-20 为乳制品销售子系统的功能结构示意图。乳制品的销售子系统包括：销售店信息管理单元和销售信息管理单元。销售店信息管理单元详细记录了销售店的信息和销售人员信息，用于管理销售店的基础数据；销售信息管理单元详细记录了用于管理一系列销售的信息。

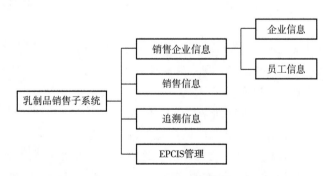

图 3-20　乳制品销售子系统功能结构示意图

① 企业信息包括：厂商识别代码、企业名称（中文）、企业名称（英文）、注册地址（中文）、注册地址（英文）、注册地址邮政编码。

② 员工信息包括：员工编码、所属厂商识别代码、姓名、性别、年龄、籍贯、备注。

③ 销售信息包括：订单编号、乳制品编号、包装箱编号、价格、数量、出售人员编

号、出售厂商识别代码。

④ 追溯信息包括：维护本地 ONS 服务器、产品流向跟踪、EPCIS 事件管理。

⑤ EPCIS 管理包括：EPC 编码、EPCIS 时间、实际位置、状态信息、对象分类编码、本地 ONS 注册、事件监控。

（6）乳制品的监管查询子系统

监管查询子系统包括基础信息管理、产品信息管理和投诉信息管理。

① 基础产品信息管理：通过追溯码查询产品信息。

② 投诉信息管理：查看和处理消费者的投诉信息。

3.3.3　EPC 编码策略

（1）EPC 编码类型的选择

全球电子产品编码 EPC 是新一代的与 EAN·UCC（European Article Numbering，欧洲商品编码；Uniform Code Council，美国统一代码委员会）编码兼容的新编码标准，是基于以上编码标准对全球统一标识系统进行了延伸和扩展的编码标准，也是物联网的核心与关键。

此外，EPC 又与当前广泛使用的 EAN·UCC 编码有所不同，其目标是通过 EPC 提供对物理世界对象的唯一标识。每一个 EPC 编码与物品是一对一的映射关系，其首要作用是将 EPC 作为网络信息的参考，本质上是在线数据的指针。好比在 Internet 中，使用的基准是统一资源标识符（Uniform Resource Identifier，URI），包括统一资源定位符（Uniform Resource Locator，URL）和统一资源名称（Uniform Resource Name，URN），由域名服务（Domain Name Service，DNS）翻译为相关的网络协议（IP）地址，即网络信息的地址。同样，AUTO-ID 中心提供的对象名解析服务（ONS）直接将 EPC 编码翻译成 IP 地址，IP 地址是对应的 URI 储存相关的产品信息。

为了实现上述功能，EPC 编码需要满足如下几个特殊的规定和要求。首先，必须有足够多的 EPC 编码来满足过去、现在和将来对物品标识的需要，即必须考虑所有物理对象的数量。从世界人口总数（大约 60 亿）到大米总粒数（假定估计为 1 亿亿粒），EPC 必须有足够大的地址空间来标识所有对象。因此我们在进行 EPC 编码时要考虑到编码对象的需求，在此基础上再选择成本最低的方案。其次，必须保证 EPC 编码分配的唯一性并寻求解决编码冲突的方法，这就产生了由谁来组织负责 EPC 编码的分配问题。除了组织管理和立法机关的管理，EPC 命名空间的创建和管理可以借助于自动化软件。最后，还有一个关于 EPC 编码的使用期限和再利用问题。某些组织可能需要不定期地追踪某一产品，就不能对该产品重新分配 EPC 编码。至少希望在可预见的将来，对特殊的产品，将有一个唯一永久的标识。

现在 EPC 标签的编码结构主要有 64 位、96 位及 256 位三种。在《EPC™ V1.3 版标签数据标准编码规范》中，64 位编码（包括所有应用 2 位标头的编码）也被否定了，新的应用中将不再使用。为了保证所有物品都有一个 EPC 编码并使其载体——标签成本尽可能降低，建议采用 96 位，这个数目可以为 2.68 亿个公司提供唯一标识，每个生产厂商可以有 1600 万个对象种类，并且每个对象种类可以有 680 亿个序列号，这对未来世界所有产品来讲已经足够使用了。 其编码结构如表 3-3 所示。

表 3-3　编码结构

版本号	域名管理	对象分类	序列号
8	28	24	36

以下是针对 EPC-64 Ⅱ 中不同数据的码段设计的方案，分为四个部分，与乳制品追溯流程分析对应。

版本号又称为标头，长度为 8 位，标识 EPC 编码的长度、类型和结构。 在 EPC Global 发布的标签数据标准 V1.5 中，EPC 标签数据标准定义了一种通用的标识类型，即 GID-96（General Identifier，通用标识符），它不依赖于任何已知的现有规范或标识方案。 GID-96 的标头为 00110101，十进制数值为 53。

域名管理者记录养殖基地、生产商、加工商、配送中心以及销售商的代码，通过此段代码记录乳制品流通经过的五个关键环节，以实现追溯，长度为 28。

对象分类是 EPC 编码用来标识乳制品产品的类型，长度为 24。

序列号是乳制品追溯对象编码中用于标识具体的乳制品单品，长度为 36。

追溯平台负责统一分配厂商识别代码，节点企业负责分配对象分类代码和为每一个对象分类代码分配唯一的、不重复的序列号。 至此，追溯平台就可以利用 EPC 标签，采用 EPC-96 编码，唯一标识平台中的所有对象，包括乳制品、货箱、托盘及运输车辆等。

根据 EPC Global 发布的最新标签数据标准 V1.5，GID-URI 的表现形式为 urn：epc：id：gid：ManagerNumber. ObjectClass. SerialNumber，其中 ManagerNumber、ObjectClass、SerialNumber 分别代表厂商识别代码、对象分类代码和序列号，并且都是用十进制表示。

例如，对于 urn：epc：id：gid：157. 1056. 2456，该编码代表的是厂商分类代码为 157 的企业，对象分类代码为 1056 的单品，其序列号为 2456。

（2）EPC 编码策略

乳制品、托盘和运输车辆可以按照不同的编码结构进行编码。 托盘内的货品记录和货运数据存储在计算机网络中并自动与容器建立联系。 更进一步，运输乳制品的卡车、货车车厢、船舶、或仓库也可以使用相应的 EPC 编码。

如图 3-21 为物品货运的 EPC 层级图，这个层级图会随着时间的推移而改变。 通过记录 EPC 结构及转换次数，就可以记录产品的出货情况。 当承载贴有 EPC 标签的货物的集装箱（集装箱上也有自己的 EPC 标签）通过装有读写器的门时，读写器会读到大量 EPC 标签。 为了高效读取信息，读写器必须了解 EPC 编码所表示的物品层次。 基于以上考虑，EPC 编码中设置了分区值这一可选字段，用于标识物品在物流货运上的层次。 通过 EPC 结构，物品货运的过程可以利用不同 EPC 编码的组合记录下来。

　　EPC 除了标识单个对象，还可以标识组合装置等，AUTO-ID 中心建议用 EPC 标识装配件和组合装置及单个货品。组合装置可采用描述货运数据的方式来进行描述，组合装置通常连接着很多元器件，被认为是复杂的。但是，组合装置和集装箱非常类似，都有如图 3-21 所示的层次结构。除了组合装置和集装箱外，对于那些由没有物理联系的实体组成的组合体，如拥有不同 EPC 编码的相同物体的集合也要分配一个 EPC 编码。如此一来，EPC 编码的总数量会超出物理实体的数目，也使冗余码的出现成为可能。

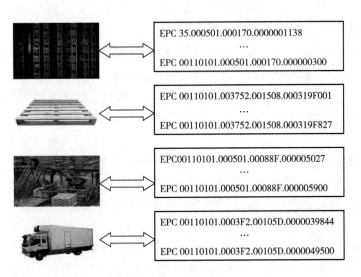

EPC 35.000501.000170.0000001138
…
EPC 00110101.000501.000170.000000300

EPC 00110101.003752.001508.000319F001
…
EPC 00110101.003752.001508.000319F827

EPC00110101.000501.00088F.000005027
…
EPC 00110101.000501.00088F.000005900

EPC 00110101.0003F2.00105D.0000039844
…
EPC 00110101.0003F2.00105D.0000049500

图 3-21　EPC 编码层级图

　　EPC 编码包括使用协议的版本号、物品的生产厂商代码、物品的分类代码及单个物品的序列编号 4 部分数据字段。当前的条码标准，如 EAN·UCC-38 应用标识符（Application Identifier，AID）的结构中就包含信息，如货品重量、尺寸、有效期、目的地等。而 AUTO-ID 中心建议消除或最小化 EPC 编码中嵌入的信息量，其基本思想是利用现有的计算机网络和当前的信息资源来存储数据，使 EPC 成为一个信息引用者，拥有最小的信息量。无论 EPC 中是否存储信息，EPC 编码的目标都是用来标识物理对象，还允许用户编程进行读写自有信息。

3.3.4　ONS

　　追溯平台的 ONS 设计主要包括对 ONS 基础框架的设计与 ONS 功能模块的设计。
　　（1）ONS 基础框架的设计
　　与 DNS 一样，ONS 也是一个分布式递归查询系统。如图 3-22 所示，ONS 系统主要由 EPC 映射信息、ONS 客户端和 ONS 服务器组成，其中，ONS 客户端包括本地ONS 解析器（Local ONS Resolver）和 ONS 本地缓存（ONS Cache）两部分，而 ONS服务器是一个树形系统，从顶端的 ONS 根服务器（Root ONS），到下级的各级 ONS

服务器。 在本地缓存和 ONS 服务器上都保存有不同 EPC 与 URI 之间的映射信息，以方便不同情况下的查询。

ONS 客户端中的本地 ONS 解析器负责 ONS 查询前的编码和查询语句格式化工作，它将需要查询的 EPC 转换为 EPC 域前缀名，再将 EPC 域前缀名与 EPC 域后缀名结合起来，形成一个完整的 EPC 域名，最后由本地 ONS 解析器负责用这个完整的 EPC 域名进行 ONS 查询。 进行 ONS 查询时，首先在本地 ONS 缓存中进行，如果本地 ONS 缓存中没有要查询的映射记录再通过上一级 ONS 服务器进行查询。

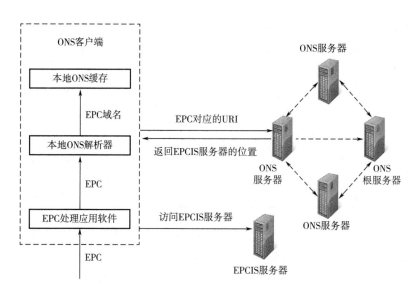

图 3-22 ONS 基础框架

（2）ONS 功能模块的设计

1）EPC 注册与注销

EPC 注册是产品进入物联网的起始环节，将 EPC 注册到 ONS 中，才能达到信息共享的目的。 EPC 被删除时，需要把 EPC 从 ONS 中注销，才能保证信息的准确性。

EPC 注册是指将 EPC 和 EPCIS 地址进行绑定，形成一对一或一对多的映射关系，并把这些映射信息保存到 ONS 服务器中。 EPC 注册分为根 ONS 注册和本地 ONS 注册。 根 ONS 注册是指将 EPC 中的厂商识别代码和本地 ONS 地址的映射信息注册到根 ONS。 本地 ONS 注册是指将 EPC 中的对象分类代码和保存产品信息的 EPCIS 服务器地址的映射信息注册到本地 ONS。

EPC 注销是指解除 EPC 和 EPCIS 地址之间的映射，并从 ONS 服务器中删除。EPC 注销分为根 ONS 注销和本地 ONS 注销。 根 ONS 注销是指将 EPC 中的厂商识别代码和本地 ONS 地址的映射信息从根 ONS 中注销。 本地 ONS 注销是指将 EPC 中的对象分类代码和保存产品信息的 EPCIS 服务器地址的映射信息从本地 ONS 中注销。

2）ONS 查询算法设计

根据 ONS 工作流程，ONS 查询算法的总体框架如图 3-23 所示。

图 3-23 ONS 查询算法的总体框架

从上图可以看出，该算法分为三个步骤：模拟生成各种不同版本的 EPC 编码；将 EPC 编码作为 ONS 解析器的入口参数，由 ONS 解析器解析后，生成 URI 送至 ONS 服务器；ONS 服务器将 ONS 解析器发送到 URI 查找并生成 URL。

计算机根据所生成的 URL 去访问相应的 EPCIS 服务器（即 PML 服务器），EPCIS 反馈相关的 PML 信息，实现 EPC 物联网中的信息交换。

① ONS 模拟生成 EPC 编码。 模拟生成 EPC 编码是 ONS 查询算法的第一步，实际情况下只有在 EPC Global 组织及公司企业生产上进行应用。 新一代的 EPC 编码是与 UPC 相兼容的编码标准，现行的 EPC 编码分别为 64 位、96 位及 256 位三种版本，其大体结构如表 3-4 所示，各种版本号、类型号略有区别。

表 3-4 EPC 编码大体结构

头字段 （Header）	EPC 厂商码 （EPC Manager）	对象分类号 （Object Class）	序列号 （Serial No）

EPC 编码生成流程如图 3-24 所示，其中结构体 EPC [ ] 的位数不仅取决于版本号，也与类型号有密切关系，这是因为由版本号决定其位数，但是由类型号决定位数的分配问题，这样才能够确定 Header [ ]、EPC Mngr [ ]、EPC ObjCls [ ]、SerNo [ ] 的具体大小。

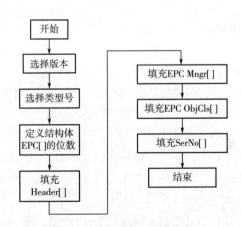

图 3-24 EPC 编码生成流程

② ONS 解析 EPC 编码。 此时得到的 EPC 编码仅仅是一串二进制码，没有任何意义，需要将其进行分割。 首先根据 EPC 编码的标头进行识别 EPC 编码的版本，然后将其二进制流进行分割，并转换为"十进制数 . 十进制数 . 十进制数"的形式，最后在头部添加"urn. epc"，转化为 URI 格式。 头字段的二进制值如表 3-5 所示，可以看出在第 1、2 位同时为 0 的情形下，必然不属于 EPC-64。

表 3-5　EPC 码头字段的二进制值

EPC 版本		二进制值
EPC-64	Type i	01
	Type ii	10
	Type iii	11
EPC-96	Type i	0001 0001
EPC-256	Type i	0000 1001
	Type ii	0000 1010
	Type iii	0000 1011

以 64 位的二进制 EPC 编码 01 00000000110000010010 0100100100001100100 1000101010110110010101 为例，具体算法流程如图 3-25 所示。

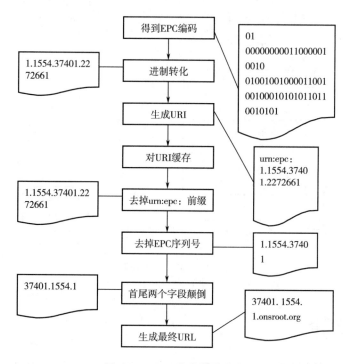

图 3-25　ONS 查询算法流程

③ ONS 生成 URL。 ONS 端得到 URI 后，需要处理为 URL，分为清除、颠倒数列、添加几大步骤，最后查询 URL 对应的 NAPTR 记录并返回。

一个典型的 ONS 查询过程如图 3-26 所示。 ONS 查询步骤如下：

a. 应用程序将一个 EPC 编码送到本地系统。

b. 本地系统对 EPC 码进行格式化转换，发送到本地的 ONS 解析器。

c. 本地 ONS 解析器把 URI 转换成合法的 ONS 域名格式。

d. 本地 ONS 解析器基于 ONS 访问本地的 ONS 服务器（缓存 ONS 记录）。

e. 如果发现其相关的 ONS 记录，则直接返回 DNS NAPTR 记录，否则转发给上级 ONS 服务器。

f. 上级 ONS 服务器利用 DNS 服务器基于 DNS 域名返回给本地 ONS 解析器一条或者多条对应的 NAPTR 记录，并将结果返回给客户端应用程序。

g. 应用程序根据相应的路径，访问相应的信息或者服务。

根据 ONS 的查询过程可见，它主要提供了两种功能：一是实现了产品信息或其对应的 EPC 信息服务地址信息的存储；二是通过根 ONS 服务器组成 ONS 网络体系，提供了对产品信息的查询定位以及企业间的信息交互和共享的服务。

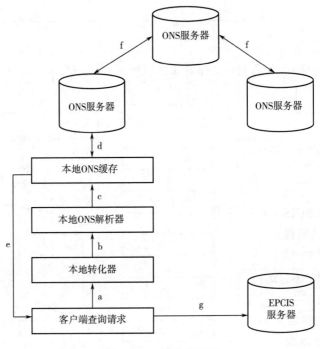

图 3-26　ONS 查询过程

3.3.5　EPCIS

为了降低电子标签的成本，需要减少电子标签的存储容量。EPCIS 的设计为这一目标的实现提供了一个有效的解决方案：在电子标签内仅存储 EPC 码，而与物品相关的信息存储在 EPCIS 服务器中，用户通过产品的 EPC 码来查询物品的其他详细信息。由于 EPCIS 系统存储有 EPC 码标识的物品的所有信息，因此 EPCIS 系统的正常运行，对整个 EPC 网络的运行有重大的影响。

（1）EPCIS 系统总体设计

EPCIS 系统包括 3 个部分：EPCIS 库、EPCIS 捕获客户端、EPCIS 查询客户端，如图 3-27 所示。

EPCIS 库记录 EPCIS 级别的事件并保证其能被 EPCIS 访问程序访问，同时它提供对应关系型数据库的接口，将关系数据库返回的信息送到查询接口。

EPCIS 捕获客户端识别 EPC 相关事件的发生，同时将这些数据作为 EPCIS 数据传送到捕获接口；当 EPCIS 数据发送完成后，捕获客户端从捕获接口接收状态信息，状态信息显示数据发送成功或者失败。

EPCIS 查询客户端接收查询条件信息，将查询条件发送给 EPCIS 查询接口；当 EPCIS 查询接口返回数据时，EPCIS 查询客户端接收从查询接口返回的数据，这些数据可以是商品本身或者查询失败等信息。

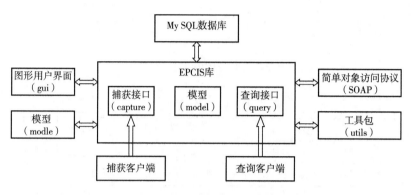

图 3-27　EPCIS 系统功能图

EPCIS 库与 EPCIS 捕获客户端之间通过捕获接口进行交互，捕获接口为 EPCIS 仓库、网络 EPCIS 访问程序以及伙伴 EPCIS 访问程序提供一种传达 EPCIS 事件的方式。

EPCIS 库与 EPCIS 查询客户端之间通过查询接口进行交互，查询接口提供 EPCIS 访问程序从 EPCIS 仓库或 EPCIS 捕获客户端中得到 EPCIS 数据的方法和相应数据返回的方法。

（2）EPCIS 数据定义

EPCIS 将每个读取点产生的资料以事件（Event）来表示，通过不同事件形态来准确传达供应链运行的具体情况。每个 EPCIS 事件均表达 4 个不同的"W"：When（何时被读取）、Where（在何处被读取）、What（何种商品 EPC 码）、Why（因何种原因被读取），这些包含 4W 的事件已经具备基本的商业逻辑。

EPCIS 操作两种类型的数据：基本数据与事件数据。事件数据又包含四种类型：对象事件、数量事件、聚合事件、业务事件。它们的包含关系如图 3-28 所示。基本数据是包含理解事件数据上下文内容的额外数据。它像静态属性那样包含生产日期、产品名、生产商名等信息。

事件数据在进行业务处理的过程中产生，通过 EPCIS 捕获接口来捕获，并且可以利用 EPCIS 查询接口进行查询。根据事件数据的应用情景差异，EPCIS 将事件数据分为 4 类。与事件数据相对应，EPCIS 标准定义了 4 种标准的 XML 事件：对象事件、聚合事件、数量事件、业务事件，见表 3-6。

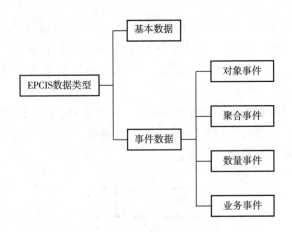

图 3-28 EPCIS 数据类型

表 3-6 XML 事件

事件数据类型	事件域（属性）
对象事件	时间戳、动作、EPC 列表、交易步骤、交易地点、采集点、状态、事件处理
聚合事件	时间戳、动作、父对象、子 EPC 列表、交易步骤、交易地点、采集点、状态、事件处理
数量事件	时间戳、EPC 类、数量、交易步骤、交易地点、采集点、状态、事件处理
业务事件	时间戳、动作、父对象、EPC 列表、交易步骤、交易地点、采集点、状态、事件处理

① 对象事件。 对象事件描绘了有关一个或者多个由 EPC 码标识的物理对象的事件信息。 例如，当 EPC 标签粘贴在物体上时，添加一个对象事件表示物体与 EPC 码建立了联系。

② 聚合事件。 聚合事件表示一个对象已经在物理上与另一个对象聚合一起的关系。 例如，在一个集装箱里有很多包装的产品。 聚合事件中的属性"子 EPC 列表"只能够存在于聚合事件中，不能够存在于其他类型的事件中。

③ 数量事件。 数量事件表示对象类型的一个具体数量。 例如，报告一个产品的存货水平。 数量事件中的属性"数量"只能够存在于数量事件中，不能够存在于其他类型的事件中。

④ 业务事件。 业务事件描绘多个物理对象在一个或者多个业务交易中的联合与分离。 例如，物流中心在接到订单后用船运产品。

EPC 事件的数据包括一些用于数据交换的标准数据：EPC 码、时间、采集点、交易地点、交易步骤、配置、事务处理类型等，事件词语见表 3-7。

表 3-7 事件词语表

词语序号	英文	对应中文
1	Object Event	对象事件
2	Quantity Event	数量事件
3	Aggregation Event	聚合事件

词语序号	英文	对应中文
4	Transaction Event	业务事件
5	Timestamps	时间戳
6	Action	动作
7	EPCClass	EPC 类
8	Quantity	数量
9	ParentID	父对象 ID
10	EPCList	EPC 列表
11	bizStep	交易步骤
12	bizLocation	交易地点
13	readPoint	采集点
14	Disposition	状态
15	bizTransaction	事件处理

根据上述描述,在乳制品供应链从养殖到销售的整个流程,即养殖、生产、加工、配送和销售等五个供应链环节中,抽象出 14 个典型 EPCIS 事件,如表 3-8 所示。 要求各系统在处理业务时,必须按照约定的方式,将涉及的 EPCIS 事件上传到 EPCIS 服务器。

表 3-8　乳制品供应链 EPCIS 事件

业务环节	事件编号	事件名称	事件类型
养殖环节	01	养殖入圈	Object Event
生产环节	02	生产入库	Object Event
	03	生产出库	Object Event
加工环节	04	入厂验收	Object Event
	05	加工上线	Aggregation Event
	06	加工下线	Object Event
	07	加工装箱	Aggregation Event
	08	加工入库	Quantity Event
	09	加工出库	Transaction Event
配送环节	10	配送入库	Transaction Event
	11	配送出库	Transaction Event
销售环节	12	销售入库	Transaction Event
	13	产品拆箱	Aggregation Event
	14	产品销售	Object Event

EPC 标签在养殖入圈时开始应用。 在实际生产管理中，同一牛圈中的牛犊具有相同的养殖环境、饲料配方、疾病预防记录和疾病治疗记录等信息。 养殖环节只有养殖入圈事件，定义如下所述。

当牛犊入圈时，工作人员扫描挂在牛犊身上的 EPC 标签，记录当前养殖批次、入圈时间、乳牛编号、品种编号、牛圈编号、卫生情况、饲料配方、喂养记录、养殖人员、用药情况、疾病防治记录，以及检验检疫局的乳牛成长检验报告，并把这些数据以 EPCIS 事件形式上传到养殖基地 EPCIS 服务器，事件类型选择 Object Event。

生产环节有 2 个事件，分别为生产入库、生产出库，各事件定义如下所述。

① 当原料奶入库时，工作人员扫描贴在装有原料奶的容器上的 EPC 标签，记录挤奶员、挤奶设备编号、储奶设备编号、奶牛乳房治疗情况、挤奶操作规范与否。 将入库信息上传到原料奶生产厂的 EPCIS 服务器，事件类型选择 Object Event。 因为针对同一头奶牛会进行不同时段的挤奶操作，因此需建立养殖乳牛编号和储奶设备编号的对应关系。 工作人员通过扫描养殖入圈事件中的 RFID 电子标签和生产环节中的 RFID 电子标签，记录好养殖乳牛编号和储奶设备编号的对应关系，确保同一容器中的原料奶来自同一头奶牛。

② 当原料奶出库时，工作人员再次扫描贴在原料奶容器上的另一个 EPC 标签，记录存放原料奶环境、温度。 将出库信息上传到原料奶生产厂的 EPCIS 服务器。 事件类型选择 Object Event。

加工环节有 6 个事件，分别为入厂验收事件、加工上线事件、加工下线事件、加工装箱事件、加工入库事件、加工出库事件，各事件定义如下所述。

① 当原料奶运至加工厂时，加工厂工作人员通过扫描原料奶容器上的 RFID 电子标签进行入厂验收，合格后，将入厂信息上传到加工厂的 EPCIS 服务器，事件类型选择 Object Event。 因为同一生产批次的原料奶可能要分成几个批次加工，因此需建立储奶设备和加工批次的对应关系。 工作人员通过扫描原料奶容器中的 RFID 电子标签和加工批次中的 RFID 电子标签，记录好生产批次和加工批次的对应关系。 在加工过程中，还必须建立容器和加工批次的对应关系，确保同一容器中的加工品来自同一个加工批次。

② 当加工原料奶时，需要把加工上线打包成 EPCIS 事件上传到 EPCIS 服务器，事件类型选择 Aggregation Event，追溯对象由原料奶储奶设备变成加工过程中的容器。

③ 加工后检验合格的单品，需要增加一道 RFID 电子标签的附着工序，并将 RFID 电子标签的 EPC 编码信息在数据库中初始化，同时将加工下线打包成 EPCIS 事件上传到 EPCIS 服务器中，追溯对象由加工过程中的容器变成单品。

④ 单品标签附着好后，在单品的装箱过程中，也需增加包装箱的 RFID 电子标签附着工序。 包装箱 RFID 电子标签的 EPC 编码信息在数据库中初始化，并记录单品与包装箱的 EPC 编码的从属绑定，还需将从属绑定关系打包成一个 EPCIS 事件，记录在 EPCIS 服务器中，事件类型选择 Aggregation Event，追溯对象由单品变成包装箱。

⑤ 包装箱被运入加工厂仓库，工作人员利用手持终端读取到该包装箱的 RFID 电子标签，并记录该包装箱的入库位置、入库时间，以 EPCIS 事件的形式记录在 EPCIS

服务器中，事件类型选择 Quantity Event。

⑥ 出库时，利用 RFID 手持终端读取包装箱上的 RFID 电子标签，并将包装箱的出库位置、出库时间及相应批次以 EPCIS 事件形式记录在 EPCIS 服务器中，事件类型选择 Transaction Event。

配送环节有配送入库事件和配送出库事件，各事件定义如下所述。

① 当产品运至配送中心时，利用 RFID 手持终端进行入库作业，通过扫描包装箱的 RFID 电子标签，将入库位置和入库时间等信息以 EPCIS 事件形式存储到配送中心 EPCIS 服务器中，事件类型选择 Transaction Event。

② 当产品出库时，利用 RFID 手持终端扫描包装箱上的 RFID 电子标签，将出库位置、出库时间及相应批次以 EPCIS 事件形式记录在 EPCIS 服务器中，事件类型选择 Transaction Event。

销售环节有销售入库事件、产品拆箱事件和产品销售事件，各事件定义如下所述。

① 当产品运至专卖店进行入库验收时，工作人员利用 RFID 手持终端进行入库作业，通过扫描包装箱的 RFID 电子标签，将入库位置和入库时间等信息以 EPCIS 事件形式存储到专卖店 EPCIS 服务器中，事件类型选择 Transaction Event。

② 入库完成之后会有产品拆箱作业，其流程刚好与加工环节的装箱业务相反，需要发布 EPCIS 事件来解除之前建立的从属绑定关系，事件类型选择 Aggregation Event。拆箱后，追溯对象由包装箱变成单品。工作人员把产品包装上的 RFID 电子标签取下，通过读取标签获取 EPC 编码，并把该 EPC 编码生成追溯码贴在产品包装上。

③ 在销售时，收银员利用 POS 机，扫描消费者所购买的产品进行结算，并实时将记录单品销售信息的 EPCIS 事件发送至 EPCIS 服务器，事件类型选择 Object Event，为减轻 EPCIS 服务器的压力，该事件采用批量处理方式进行上传。

由上述定义可知，虽然追溯的最终对象是单品，但是在大部分的物流环节中，追溯的最小单位是包装箱，只有在加工环节和销售环节的某些阶段才是对单品进行操作。因此单品与包装箱对应的聚合关系在追溯平台中显得极为重要。

在实际生产管理中，读写器读取到的 RFID 电子标签事件必须经过数据过滤、数据聚合等数据处理工作变成 EPCIS 事件，才能最终上传到 EPCIS 服务器。数据过滤分为读写器过滤和标签过滤。读写器过滤是指收集指定读写器读取的数据，标签过滤是指收集指定类型标签的数据。数据聚合是指对原始标签数据流进行处理，简化成更有意义的事件。数据聚合通常包括逻辑读写器、计数和出现三类。逻辑读写器是指不区分物理读写器，将多个物理读写器读取的范围结合起来，形成一个逻辑读写器；计数是指统计某特定类型标签的数量；出现是指对标签数量的读取简化成对标签出现时间的最佳评估。

（3）EPCIS 系统功能模块

1）EPCIS 库的结构

捕获接口发送 EPCIS 事件到 EPCIS 库，EPCIS 库在接收到 EPCIS 事件后，进行一定的处理，生成 SQL 语句，发送到 MySQL 数据库。MySQL 数据库返回状态信息

（成功或者失败）到 EPCIS 库，EPCIS 库经过一定的处理，再发送状态信息到捕获接口。

查询接口发送查询请求到 EPCIS 库，EPCIS 库在接收到查询请求后，进行一定处理，生成相应的 SQL 语句，对 MySQL 数据库进行查询。 MySQL 数据库将查询结果返回给 EPCIS 库，然后 EPCIS 库进行一定的处理，将查询结果发送给查询接口。

EPCIS 库的数据流如图 3-29 所示，EPCIS 库的功能模块如图 3-30 所示。

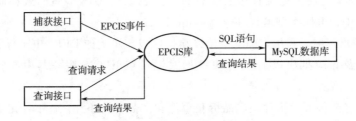

图 3-29　EPCIS 库的数据流

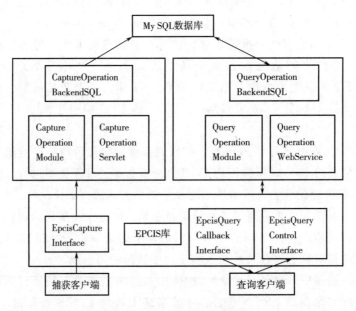

图 3-30　EPCIS 库的功能模块

EPCIS 库中主要的类共有 9 个，下面进行详细介绍。

① EpcisCaptureInterface.java：EPCIS 捕获接口，定义了从 EPCIS 捕获程序发送到 EPCIS 库的 EPCIS 事件的传送。 这个接口只包含一个方法——捕获方法，它有一个参数，并且没有返回结果。 根据 EPCIS 的具体规范，EPCIS 捕获接口的实现将接收有效的 EPCIS 事件或者图表的参数列表的每一个元素。 通过扩展，可以实现接收其他类型事件的功能。

② EpcisQueryCallbackInterface.java：EPCIS 查询反馈接口，用于 EPCIS 服务发送标准查询结果给客户端。 每当 EPCIS 服务通过查询计划执行了一个标准查询，它将试着通过查询反馈接口的三种方式发送结果给用户。 如果查询正常执行，EPCIS 将调

用查询返回结果的方法，如果查询结果过多异常或者实现异常，EPCIS 服务将调用相应的查询反馈接口方法。

③ EpcisQueryControlInterface. java：EPCIS 查询控制接口，提供了应用程序查询 EPCIS 数据的基本框架。接口提供了按需查询和标准查询的方法。按需查询即来自客户端的明确请求执行后，返回结果作为响应；标准查询则是客户端注册查询后，无须更多的请求，就可通过 EPCIS 查询反馈接口周期性接收返回的结果。这两种模式非正规称为拉取和推送。

④ CaptureOperationBackendSQL. java：后台 SQL 捕获操作，提供了与捕获操作模块所需的一致的功能。它提供了存储 EPCIS 事件、词汇和 EPC 码到数据库的方法，并且提供了从数据库中恢复已知词语的方法。一个保持数据库连接的捕获操作会话对象需要传送到每一个这样的方法。

⑤ CaptureOperationModule. java：捕获操作模块，实现了核心的捕获操作，转换通过 HTTP POST 发送的 XML 事件到 SQL 中，并且将它们插入数据库。

⑥ CaptureOperationServlet. java：捕获操作服务器程序，接收和分析 HTTP POST 请求，并且分派请求到合适的捕获操作模块句柄方法。

⑦ QueryOperationsBackendSQL. java：后台 SQL 查询操作，使用基本的 SQL 语句实现后台查询操作接口。

⑧ QueryOperationsModule. java：查询操作模块，实现查询控制接口的 SOAP/HTTP 绑定。将 Axis 转换成 SQL 查询，并且通过 Axis 返回结果到请求客户端。

⑨ QueryOperationsWebService. java：查询操作网络服务，将来自 Web Service 堆栈的调用重定向到潜在的查询操作模块，保证任何没有捕获的异常被正确地捕获，并且调用实现异常响应模块。

2）EPCIS 捕获客户端的结构

用户将 EPCIS 事件手动输入到捕获客户端中。EPCIS 事件信息包括捕获接口 URL 地址、事件类型和事件数据。捕获客户端接收到 EPCIS 信息后，将它封装成 XML 报文，发送到捕获接口。数据流是单向的，从用户到捕获接口，不需要返回物品数据信息，只返回少量的状态信息。捕获客户端数据流如图 3-31 所示。

图 3-31　捕获客户端数据流

EPCIS 捕获客户端的功能模块如图 3-32 所示。

EPCIS 捕获客户端包含 5 个主要的类，下面分别作详细介绍。

① CaptureClient. java：捕获客户端，提供了到 EPCIS 接口的访问，EPCIS 事件通过 HTTP POST 请求方法发送到捕获接口。

② CaptureClientException. java：捕获客户端异常，说明捕获客户端在发送一个请求到 EPCIS 捕获接口时遇到问题。

③ CaptureClientGui. java：捕获接口客户端 GUI，实现了图形化界面，也实现了用

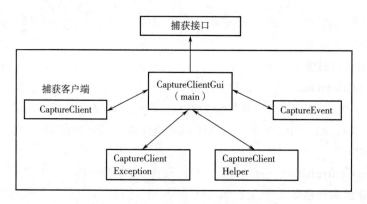

图 3-32　EPCIS 捕获客户端功能模块

GUI 数据创建的 XML 文件。

④ CaptureClientHelper.java：帮助文件类，封装了捕获接口类中常用的函数。

⑤ CaptureEvent.java：捕获事件，为 EPCIS 查询接口客户端实现了一个实例事件对象。

3）EPCIS 查询客户端的结构

用户将查询条件输入到查询客户端。查询条件包括记录时间、EPC 码值、采集点、数量等。查询客户端接收用户的输入，将查询条件封装成 SOAP 报文，然后发送给查询接口。查询接口收到返回的数据后，将查询结果返回给查询客户端。查询客户端再将查询结果返回给用户。EPCIS 查询客户端数据流如图 3-33 所示。

图 3-33　EPCIS 查询客户端数据流

EPCIS 查询客户端的功能模块如图 3-34 所示。

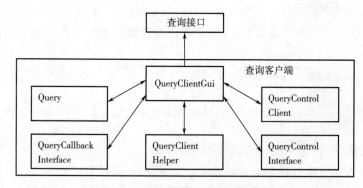

图 3-34　EPCIS 查询客户端功能模块

EPCIS 查询客户端包含 6 个主要的类，下面分别作详细介绍：

① Query.java：查询类，实现对 EPCIS 查询接口客户端的例子查询对象。它定义了一些私有变量，标记是否返回四种类型的事件中的哪几种类型。

② QueryCallbackInterface.java：查询反馈接口，对标准的查询进行反馈。 当查询正确时，给定查询结果对象将由标准查询结果构成。 如果查询出错，则会有相应的异常返回，查询结果过多异常就是由这些异常抛出的。

③ QueryClientGui.java：查询客户端 GUI，它实现了 EPCIS 查询接口客户端的 GUI 部分。

④ QueryClientHelper.java：查询客户端帮助，是一个封装在查询客户端中常用功能的帮助类。

⑤ QueryControlClient.java：查询控制客户端，根据 EPCIS 查询控制接口进行函数调用，并且提供一些简便的方法轮询或者订阅给定的 XML 形式的查询。

⑥ QueryControlInterface.java：查询控制接口，在 EPCIS 库的控制模块中实现查询操作。

3.3.6 平台数据库

如上文所述，追溯平台包括产品数据、业务数据和 EPCIS 数据。 对于这些数据，以数据库为载体存储到数据表中。 乳制品供应链包括养殖、生产、加工、配送、销售五个环节，每个环节又对应很多业务，导致平台数据库相当复杂。 限于篇幅，本书从追溯的角度，只对 EPCIS 数据进行设计。

对于 EPCIS 数据，各环节涉及业务类似，因此可以统一进行设计。 EPCIS 数据对应的物理数据模型（Physical Data Model，PDM）如图 3-35 所示。

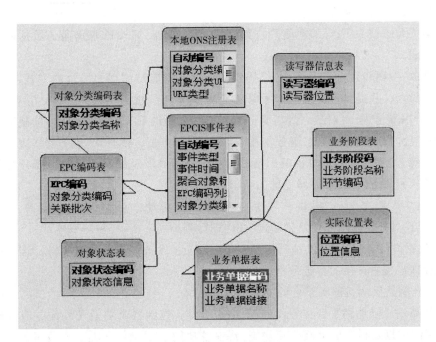

图 3-35 EPCIS 物理数据模型

EPCIS 数据涉及的数据表有 10 个，分别是对象分类编码表、EPC 编码表、读写器信息表、环节信息表、业务阶段表、实际位置表、对象状态表、业务单据表、EPCIS 事件表和本地 ONS 注册表。

① 对象分类编码表：对对象进行分类编码，用于区分产品、包装箱等对象。

② EPC 编码表：记录 EPC 编码的各字段信息，并且和批次关联。

③ 读写器信息表：记录读写器所属企业及放置位置信息。

④ 环节信息表：记录供应链包含的环节信息。

⑤ 业务阶段表：记录供应链各环节包含的业务阶段信息。

⑥ 实际位置表：记录事件发生时的实际位置信息。

⑦ 对象状态表：记录事件发生时对象所处的状态信息。

⑧ 业务单据表：记录和事件相关的业务单据信息。

⑨ EPCIS 事件表：记录各事件的详细信息。

⑩ 本地 ONS 注册表：记录 ONS 的注册信息。

3.4 基于 EPC 物联网的乳制品供应链追溯平台的实现

基于 EPC 物联网的乳制品供应链追溯平台的搭建是以信息共享为最终目的的，面向政府监管部门、企业和消费者的服务平台。通过应用 EPC 物联网，对乳制品在供应链各个环节的信息进行跟踪，为乳制品的追溯提供了强大的数据支持。

（1）乳制品供应链追溯平台的组成

追溯平台主要由 EPC 编码管理方案、ONS 服务器、EPCIS 服务器、数据库服务器四部分组成。

① EPC 编码管理方案。EPC 编码管理方案对供应链流程中涉及的 EPC 标签编码进行统一管理，并提出一套编码方案保证 EPC 码的唯一性。

② ONS 服务器。对象名解析服务利用 BIND 提供 EPC 编码到 URI 的映射解析过程。在平台内，分为根 ONS 服务器和本地 ONS 服务器，根 ONS 服务器实现厂商分类代码到本地 ONS 服务器地址的映射解析过程，本地 ONS 服务器实现厂商分类代码和对象分类代码到 EPCIS 服务器地址的映射解析过程。

③ EPCIS 服务器。提供产品信息服务，包括动态信息和静态信息，以 Web Service 形式对外发布产品信息，通过 EPC 进行查询。

④ 数据库服务器。提供基础信息服务，作为平台或者企业的数据源，维护平台或企业在管理过程中产生的各类数据。

（2）乳制品供应链追溯平台的主界面

乳制品供应链追溯平台主界面如图 3-36 所示，包括各个功能子系统、追溯环节展示、追溯网络以及最新资讯四个模块。其中各功能子系统包括乳牛养殖子系统、原料奶生产子系统、乳制品加工子系统、乳制品配送子系统、乳制品销售子系统和乳制品供应链信息跟踪追溯子系统，前 5 个模块的子系统是面对企业的，各企业通过子系统的登录界面进行相关信息的维护及查询，监管查询子系统是面对企业和用户的。

图 3-36　乳制品供应链追溯平台主界面

　　图 3-37 是养殖企业子系统的企业信息管理操作界面，该界面可以查询企业的一些基本信息：厂商识别代码、企业名称（中文）、企业名称（英文）、注册地址（中文）、注册地址（英文）、注册地址邮政编码。

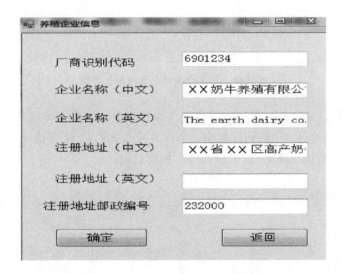

图 3-37　养殖企业信息管理操作界面

　　图 3-38 是生产企业子系统的企业信息管理操作界面，该界面可以查询企业的一些基本信息：厂商识别代码、供应商识别代码、企业名称（中文）、企业名称（英文）、注册地址（中文）、注册地址（英文）、注册地址邮政编码。

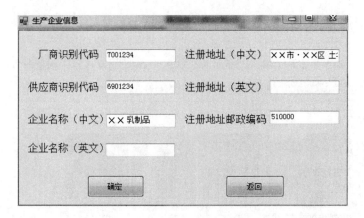

图 3-38　生产企业信息管理操作界面

图 3-39 是加工企业子系统的企业信息管理操作界面，该界面可以查询企业的一些基本信息：厂商识别代码、供应商识别代码、企业名称（中文）、企业名称（英文）、注册地址（中文）、注册地址（英文）、注册地址邮政编码。

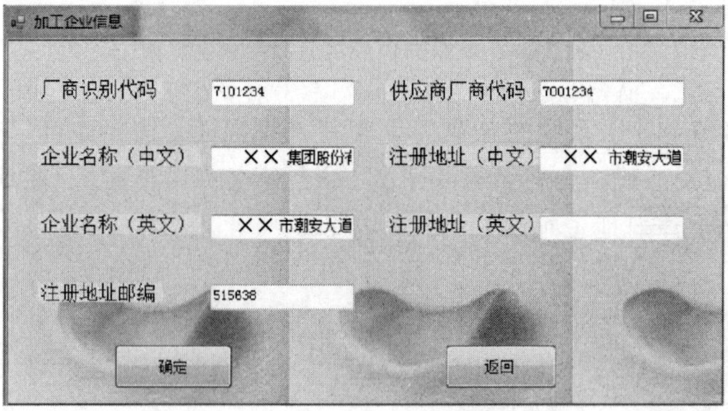

图 3-39　加工企业信息管理操作界面

图 3-40 是配送企业子系统企业信息管理操作界面，该界面可以查询员工的一些基本信息：厂商识别代码、注册地址邮编、企业名称（中文）、注册地址（中文）、企业名称（英文）、注册地址（英文）、供应商厂商识别代码。

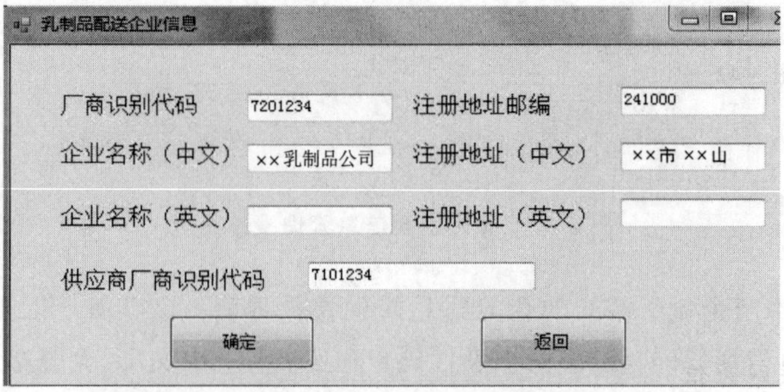

图 3-40　配送企业信息管理操作界面

图 3-41 是加工企业子系统中的企业 EPCIS 信息管理-EPC 编码信息管理操作界面，该界面用于管理加工过程中生成或过期的 EPC 序列编号。

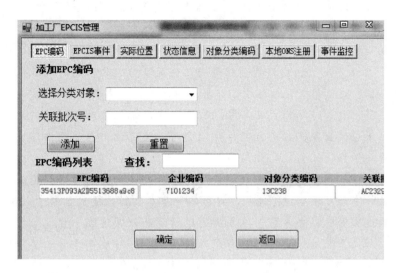

图 3-41　加工企业 EPCIS 信息管理-EPC 编码信息管理操作界面

图 3-42 是加工企业子系统中企业的 EPCIS 信息管理-EPCIS 事件信息管理操作界面，该界面用于管理加工过程中的 EPCIS 事件。

图 3-42　加工企业 EPCIS 信息管理-EPCIS 事件信息管理操作界面

本章小结

针对乳制品安全问题，结合人们对乳制品安全的要求，立足于企业的实际需求，本章以 EPC 物联网为信息化手段，以供应链为视角，以乳制品为具体研究对象，提出了基于 EPC 物联网的乳制品供应链追溯管理解决方案，并设计和实现了基于 EPC 物联网的乳制品供应链追溯平台，满足了对乳制品追溯的要求，可以在一定程度上解决乳制品安全问题。本章完成的主要工作及创新如下。

第一，在详细阐述 EPC 物联网和乳制品供应链追溯的理论知识和分析 EPC 物联网应用到乳制品供应链追溯中优势的前提下，通过对现有追溯模式的对比研究，提出了适合乳制品供应链的基于 EPC 物联网的追溯模式。该模式通过利用当前理论研究热点 EPC 物联网，真正实现了乳制品的全程追溯，满足了对追溯信息的及时性和准确性要求，该模式可以广泛应用于乳制品中，并可以向其他农产品推广。

第二，在提出文本追溯模式的基础上，结合实际情况，对乳制品供应链追溯总体需求和乳制品供应链业务流程进行了详细的分析，为追溯平台的硬件环境搭建、信息采集提供了重要依据。

第三，从我国乳制品生产、流通的实际情况出发，立足消费者、企业、政府监管部门三方利益，本着可跟踪、可追溯、可召回等基本目标，提出了基于 EPC 物联网的乳制品供应链追溯管理解决方案。该方案通过设计并开发追溯平台，实现对乳制品从养殖、生产、加工、配送到销售的全程跟踪与追溯，并对追溯平台的总体架构、功能模块、EPC 编码管理方案、对象名解析服务、EPC 信息服务进行了详细的分析和设计。本章提出的追溯平台，对研究物联网在追溯领域的应用具有一定的理论参考意义和技术指导作用，对我国乳制品追溯体系的建立具有一定的现实意义和实用价值。

由于能力所限，研究不够全面和深入，本章还需要在以下几个方面进行更加广泛和深入的研究。

第一，本章设计和开发的追溯平台涉及从养殖、生产、加工、配送到销售的整个供应链流程，追溯主体包括政府、企业和消费者，平台的实施存在以下困难和问题：

① 平台的实施是一个长期的过程，需要有一个主体来协调组织整个平台的管理。

② 平台初期的建设成本高，投资大，并且需要不断地维护，需要采用合理的方式进行经营。

③ 为保障追溯平台运行的科学性、合法性、有效性，需要相应的法规和政策为平台的建设和运行提供支持。

④ 追溯平台作为一个公共信息交换平台，担负着信息传递的中间角色，通过平台传递的信息是否准确、安全，是各方非常关心的问题。

⑤ 平台的建设和实施需要既懂计算机网络技术，又熟悉物流的复合型人才，现阶段我国这方面的人才比较匮乏，这将会是一个不小的障碍。

如何解决上述平台实施中存在的困难和问题，是今后研究的一个方向。

第二，乳制品具有易变质、易腐性等特性，对温度、湿度等外界环境要求较高，在加工、流通和存储过程中需要进行冷链物流，以保证乳制品的质量安全。

第 **4** 章

物联网技术在京津冀应急物资调度中的应用

- 相关概念及应用模式
- 基于EPC物联网技术的应急物资调度架构研究
- 基于EPC物联网技术的应急物资调度平台设计
- 基于EPC物联网技术的京津冀区域应急物资调度平台实现

4.1 相关概念及应用模式

4.1.1 应急物资调度的相关概念

4.1.1.1 突发事件和应急物流

（1）突发事件

突发事件是指突然发生，造成或者可能造成严重社会危害，需要采取应急处置措施予以应对的自然灾害、事故灾难、公共卫生事件和社会安全事件。 广义上，是指事件发生、发展的速度很快，出乎意料，且事件难以应对，必须采取非常规方法来处理。狭义上，是指意外的、突然发生的重大或敏感事件。

（2）应急物流

应急物流特指为严重自然灾害、重大事故等突发事件提供灾后救援所需的应急物资，并且以时间效益最大化和灾害损失最小化为目的的特殊物流活动。

与普通物流活动相同，应急物流也是由流体、载体、流向、流量、流程、流速等要素构成，同样包括采集、运输、存储、装卸、搬运、包装、配送等环节。 但是，由于应急物流具有突发性、不可预知性、需求随机性和时间约束的紧迫性等常规物流所不具备的特性，所以应急物流相对于常规物流，更加追求物流活动的时效性、准确性，更加追求时间效益。

4.1.1.2 应急物资

应急物资是应急救援的重要组成部分，是为应对自然灾害、重大事故等突发事件所必需的物资保障。 它存在于防灾、救灾和灾后重建等过程中，是应急物流领域最重要的组成部分，主要包括应急物资、应急设备及设施等。

按照我国发展和改革委员会对应急物资的分类，应急物资按照用途可分为：防护用品类、生命救助类、生命支持类、救援运载类、临时食宿类、污染清理类、动力燃料类、工程设备类、器材工具类、照明设备类、通信广播类、交通运输类、工程材料类。 本章在京津冀一体化发展大环境的基础上，重点研究物联网技术在应急物资调度领域的应用，主要针对由火灾等突发事件引起的应急物资调度，主要研究的物资对象为：防护用品类，如防毒面具、口罩等；生命救助类，如各种急救药品等；生命支持类，如氧气呼吸机等；临时食宿类，如帐篷等。 本章以上述事件和物资调度对象为案例进行深入研究。

4.1.1.3 应急管理与应急物资调度

应急物资调度隶属于应急管理。 应急管理（Emergency Management）是指在应对突发事件的过程中，各级政府和其他相关机构为避免或减轻突发事件所造成的危害而制定和实施的一系列有计划、有组织的管理、控制与处理过程。

应急物资调度是指各级政府或机构在应对突发事件的过程中，通过应急物流体系对所需救援物资进行快速、准确、高效的调度与分配，达到应急救援的目的，是应急管理领域中极其重要的环节，直接关系到应急救援的效率和突发事件带来的危害程度。在发生突发事件的情况下，有关应急部门根据应急物资调度指挥系统在满足不同应急物资需求的前提下，在最短时间内制定高效可行的调度方案，并根据突发事件的实时情况，定位跟踪调度物资，这一过程即称为应急物资调度。

4.1.1.4 京津冀区域现有应急物资调度的问题与不足

应急物资调度离不开现代物流技术的支持，而在京津冀区域一体化过程中，应急物资调度仍存在着以下问题：

① 管理方面 京津冀区域的应急管理体制按照不同的事件分属不同的政府部门，在重大突发事件发生时，部门之间应急物资的协同性调度效率会很低。

② 硬件设施方面 京津冀区域在一些重大物流基础设施（如交通、港口和机场）建设方面缺乏区域协调性和统一规划性，且对应急物资或车辆储备点的选择方面尚未做到区域协调、统一规划。

③ 标准化方面 京津冀地区的区域物流标准化和信息化水平偏低，导致区域内数据繁杂而冗余，为京津冀区域应急物资调度带来了极大的技术障碍。

④ 区域化公共服务平台搭建方面 在京津冀一体化过程中，缺乏对公共基础服务平台的构建，京津冀协同发展不仅需要公共设施等的建设，还需要建立一个突发事件应急管理调度平台，涵盖京津冀区域内的如交通、天气等多方面基础数据信息，并且做到资源共享，为应急物资调度管理指挥提供技术支持。

4.1.2 京津冀区域应急物资调度中物联网技术的应用模式

将物联网技术应用于京津冀区域应急物资调度领域，基于突发事件具有多样性和不确定性等特点，应急物资的需求多种多样，物联网在物资调度中的应用模式也多种多样。 根据具体应用功能，应急物资调度模式自下而上可以分为底层数据采集感知模式、网络信息传输模式、调度平台应用层业务处理模式。

4.1.2.1 底层数据采集感知模式

底层数据采集感知模式主要是针对应急物资调度领域内物资储备点和车辆储备点中物资与车辆的物理实体进行相关信息数据采集。 其中，物资储备点用来储备支持应急救援的应急物资，在应急物资的相关仓储和出入库操作中，需要通过传感器等感知技术和 RFID 等无线射频识别技术进行数据采集。 其中，采集的主要物资信息有：物资EPC 编码、物资名称、所属类型、存储仓库等。 车辆储备点为应急物资调度提供运输保障，我们可以通过 GPS 全球定位系统和摄像监视设备对车辆进行定位跟踪，通过 RFID 电子标签记录车辆详细信息，并利用 RFID 射频识别系统对车辆相关信息进行读取。需要采集的主要车辆信息有：车辆编号、车牌号、型号、状态以及所属车辆储备点等。此外，还需要为物资与车辆绑定相应的储备点信息，如储备点编号、名称、地址以及联系方式等。

4.1.2.2 网络信息传输模式

网络信息传输模式是将物联网技术与网络传输技术相结合的网络层应用模式。它是物联网环境下应急物资调度的数据传输核心。网络传输层负责将应急物资调度中底层采集的数据以一定的网络传输协议上传到应急物资调度公共管理平台，为应急调度决策的制定提供数据支持；在方案制定完成后，应急调度平台通过网络信息传输技术，将相应的应急物资调度指令传递给底层物资储备点和车辆储备点，指挥实施物资调度；在应急物资调度过程中，为了实现调度过程的实时性和可追踪性，需要通过网络信息传输层将调度中的应急车辆的位置与运输的应急物资信息实时共享到应急物资调度体系，保证方案制定或指挥调度时数据的实时性与准确性。特别是无线网络技术的普及和网络带宽技术的不断发展，进一步促进物联网技术与应急物资调度体系的深入结合，全面提高应急物资调度效率。

4.1.2.3 调度平台应用层业务处理模式

基于物联网技术的应急物资调度应用层应用模式是应急物资调度体系的核心数据处理层。在应急救援追求时间效益的需求下，应急物资调度平台需要高效的数据处理技术以满足调度需求。应急物资调度既要追求方案制定的高效性，又要面对底层众多传感器采集的海量基础数据，这为调度平台制定应急决策方案提出了极大挑战。因此，我们引入云计算等智能化数据处理技术，利用其高效的数据处理和分析能力，对基础数据进行加工，提取有效数据，从而更加深入地发挥相关数据的作用，辅助应急物资调度决策。

综上所述，京津冀区域应急物资调度是一个大型的综合系统，它将底层数据采集感知、网络信息传输与调度平台应用层的数据处理等物联网应用模式紧密结合在一起。首先，它利用传感器等感知设备进行数据采集，利用 GPS 全球定位系统等定位监测技术，对物品进行定位跟踪；其次，它利用网络传输技术对调度过程中的相关数据与信息进行上传下达，串联整个体系；最后，它利用云计算的智能化数据处理技术，对传感器采集的海量数据进行分析与处理，辅助制定决策方案。

4.2 基于 EPC 物联网技术的应急物资调度架构研究

应急物资调度是应急物资管理的最主要决策问题。一般情况下，成本最小化是物资调度的基本原则，然而应急物资调度强调时间紧迫性、弱经济性、动态性等特点，因此，追求时间效益最大化才是应急物资调度的首要原则。物联网技术拥有感知天下和智能化管理等特点，并且能够利用传感器实时感知数据和利用网络信息传输技术实现物理世界与物联网体系的实时信息共享。所以，将物联网技术应用于应急物资调度领域，能够比传统的应急物资调度获取更加实时有效的信息和数据，具有更加高效的数据分析与处理能力，从而快速、科学、准确地制定应急物资调度方案。

在京津冀一体化发展的政策支持下，针对目前传统区域内应急物资调度存在的问题与不足，结合物联网技术的应用，可以构建一种基于物联网技术的京津冀区域应急物资调度平台应用架构。

4.2.1 物联网环境下的京津冀区域应急物资调度体系结构

将物联网技术应用于京津冀应急物资调度领域，基于传感器技术、射频识别技术（RFID）、网络信息技术和智能数据处理技术等物联网关键技术，结合应急物资调度业务流程，搭建物联网环境下的应急物资调度体系，促进应急物资调度管理工作趋于综合化、信息化和实时化。物联网技术在应急物资调度中的具体应用为：通过无线网络技术将RFID电子标签、RFID系统、传感器技术等物联网感知技术采集应急实时动态数据，通过信息反馈等技术对应急物资的仓储进行环境监测和智能控制；利用EPC编码唯一标识的属性特点，综合GPS和摄像监控技术，对应急物资与车辆进行相关调度跟踪；综合实际应急物资需求、应急物资和车辆储备原始数据等，利用云计算等智能数据处理技术，快速制定调度方案，辅助决策，从而实现时间效益最大化和成本最小化等。

物联网体系结构通常包括感知层、网络层、数据层和应用层四部分。其中，感知层主要包括摄像头、GPS、传感器等信息设备和RFID电子标签、RFID系统等，负责对应急物资仓储的环境监测、物资与车辆的实时定位跟踪和为整个物联网体系提供原始数据保障；网络层通过有线或者无线网络传递感知层采集的信息，实现实时动态信息的共享，其中最为关键的技术是对象名解析服务、信息发布服务、物联网中间件等；数据层包括数据处理技术（如云计算）和数据存储技术等，其中数据存储技术主要针对应急物资储备数据库、应急调度车辆数据库、业务处理数据库和EPCIS数据库等；应用层的关键技术在于众多服务平台和企业资源计划和专家决策支持系统的设计与实现，从而搭建集信息化与综合化于一体的应急物资调度平台。具体体系结构如图4-1所示。

4.2.1.1 感知层

在应急物资调度领域，由于突发事件具有不确定性和高破坏性等特点，调度过程中的相关信息准确性需求很高，所以，应急物资调度体系中的感知层物资信息采集与传输更加追求时效性和精确性，对感知层的传感器等感知技术的应用要求相对较高。物联网感知层的主要感知设备包括：RFID电子标签、RFID射频识别系统、GPS全球定位系统、摄像头、传感器、GIS地理信息系统等。

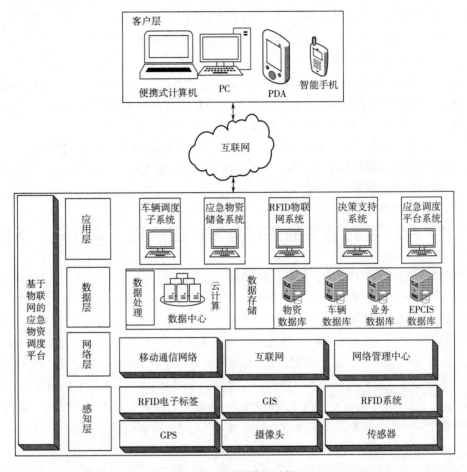

图 4-1　物联网体系结构

首先，EPC 编码唯一标识每一件应急物资，通过 RFID 读写器等识读设备读取电子标签内绑定存储的 EPC 编码，获取相应的应急物资信息，为实现物资的实时跟踪和追溯提供数据与技术支持。RFID 技术是一种非接触式的自动识别技术，通过读写器读取电子标签中存储的 EPC 编码，然后通过有线或无线网络系统，发送到后台主系统进行相关技术处理，实现应急物资信息与物联网系统的链接；传感器技术负责采集应急物资调度过程中相关物资的实时数据，并将其传递到物联网系统中，是物联网平台系统的原始数据来源；摄像监控技术负责对物资仓储和出入库实施监控，从而实现对应急物资的安全存储；GPS 和 GIS 技术应用于应急调度过程中调度车辆远程定位和物资调度跟踪，并且结合应急物资调度平台系统无线网络通信技术，实现对应急物资调度远程控制与指挥的目的，辅助调度决策，保证调度车辆准确、及时地将应急物资运达目的地，对物资运输、车辆调度和决策支持都起到不可替代的作用。

4.2.1.2　网络层

网络层主要负责感知层和数据层与应用层之间的数据传输及不同协议之间的

数据格式转换，在整个物联网体系架构中相当于一座桥梁，连接感知层与数据层，使得物理世界和信息世界达到无缝连接。在整个物联网系统架构中，所有的数据传输都会应用到网络层的相关技术，通过网络管理中心调用相应的移动通信网、互联网等网络传输技术，将感知层各网络节点接入应急物资调度体系中，使得应急物资调度系统中的各环节节点可以根据自己的需要访问不同的网络节点，获取所需的信息。

在物联网网络层架构中，无线传感器网络是其中一项基础性设施，它能够做到随时随地将某一个实体产生的相关数据信号传送出去，并且能够彻底解决最后一米、十米甚至是一公里以内的信号传输问题；但是，当所需传输距离达到数千公里程度的时候，其本身的传输功能将变得远远不足，而引入以北斗卫星系统和蜂窝移动通信网络为基础的物联网网络层体系架构将能彻底解决超出距离限制的传输问题。

无线传感器网是一种无中心节点的全分布式系统，通过对传感器元件的海量部署，充分探测物联网体系中每一个接入物体的温湿度、噪声、压力等物理信息。北斗卫星导航系统是我国自主研发的卫星导航系统，在物联网体系中的应用具有成本低、部署简单等显著的优势，有助于对应急物资调度过程中的物资与车辆定位和通过提供位置导航辅助制定应急决策等多样化功能的实现。

4.2.1.3 数据层

由于应急物资需求的特殊性，应急物资调度的过程更加重视时间效益，要求在最短的时间内将物资运输到突发事件发生地，所以应急物资调度对信息的时效性和准确性需求非常高。此外，突发事件的突发性、不确定性和多样性，以及 RFID 电子标签和传感器等感知层技术的引入直接或间接导致原始数据过于庞大繁杂，使得调度方案的制定变得异常艰难，且准确度不高。因此，在基于物联网技术的应急物资调度体系结构中引入数据层，通过其对原始数据的基本处理，提高应用层和专家决策系统的数据分析处理速度，从而提高应急物资的调度效率。

在对应急物资调度的相关数据进行分析处理时，可以引入云计算等智能化数据处理技术。一方面，云计算高速的数据处理核心，为基于物联网的应急物资调度平台运转提供一种高效的智能计算模式；另一方面，云计算还能提供可靠、有效的数据存储中心，实现不同设备间的数据信息共享，使得信息在不同层次之间快捷、高效、精确传输。

数据层的存储主要包括应急物资数据库、应急车辆数据库和业务数据库等。应急物资数据库和应急车辆数据库主要用来存储相应的应急储备点的应急数据，而业务数据库用来存储应急物资调度过程中的应急流程产生的业务数据。

4.2.1.4 应用层

应用层是将物联网技术与相关领域技术相结合，以应用解决方案的形式展示给用户，是物联网架构中的用户交互平台。本书的应用层是将物联网技术与应急物资调度相结合，通过对物联网环境下应急物资调度模式、物联网应用架构等的研究，初步搭建应急物资调度管理平台，为实现应急物资储备点位置查询、应急物资高效调度、应急车辆定位监控、应急方案制定、辅助调度决策等功能提供技术支持。

在上述基本的四层结构之外，还存在一个客户层。客户层为应急物资调度决策者提供不同的系统应用模式，例如智能手机、PDA、移动电脑或 PC 机等多种应用模式，使决策者可以随时随地对应急物资调度做出更加及时、准确的决策。

4.2.2　基于物联网技术的京津冀应急物资调度应用架构

本书提出将物联网技术应用于京津冀应急物资调度中，通过提高应急物资调度中数据采集与传递的实时性、准确性，借助物联网技术的高速数据处理技术，实现快速、科学地制定调度方案。物联网相关技术与应急物资调度的结合构成一个集感知、互联、计算和控制于一体的信息化架构，其具体应用见图 4-2。

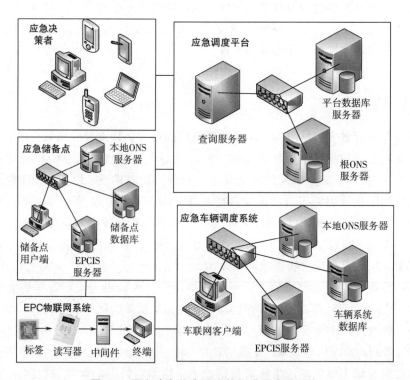

图 4-2　面向应急物资调度的物联网应用架构

物联网环境下京津冀应急物资调度架构集信息感知、信息传递、数据处理、应急定位和辅助调度决策等功能于一体，根据功能模块划分为：应急物资储备系统、应急车辆调度系统、应急物资调度平台和作为物联网基础设施存在的 EPC 物联网系统等。

（1）应急物资储备系统

应急物资储备系统是应急救援正常调度运转的物资基础，是进行应急物资调度的指令执行单元。它主要负责如下几个应急物资调度功能：

① 对物资储备点内的所有应急物资绑定具有唯一 EPC 编码的电子标签。

② 通过基础的 EPC 物联网系统采集所有应急物资的详细信息，并将其传输和存储在储备点信息服务器内。

③ 对储备点内的所有应急物资进行数据维护与管理。

④ 为调度平台提供信息服务接口，当调度平台进行物资定位和信息追溯时，通过 ONS 解析服务，调用查询相应物资储备点内数据库和信息服务器中对应物资的信息，从而辅助制定应急物资调度决策。

⑤ 根据调度决策指令快速落实物资调度，并实时更新相关调度信息。

（2）应急车辆调度系统

应急车辆调度系统是实现应急物资调度不可或缺的支持系统，在应急物资从物资储备点运送到受灾点的过程中需要大量的应急储备车辆参与配送，应急车辆调度系统负责相应的车辆调度，其具体的功能包括：

① 为所有储备车辆粘贴电子标签，唯一标识每一辆车，为应急调度的定位与跟踪提供技术支持。

② 通过为每一应急车辆绑定 GPS 全球定位系统，实时定位车辆位置，为制定应急调度方案提供数据支持。

③ 管理和维护车辆的实体信息与状态信息，其中，车辆状态信息标识车辆当前的实时状态：运载中、空闲或者养护维修中等。

④ 为上层调度平台或者其他储备点提供信息服务接口，为救援过程中的数据共享和协同调度提供技术支持。

⑤ 根据调度决策指令，实时指挥应急车辆第一时间发往相应物资储备点，并随时更新车辆状态信息及储备点详情。

（3）应急物资调度平台

应急物资调度平台是应急物资调度体系的最终大脑，是应急物资调度过程的发起者和推动者。它主要实现的功能包括：

① 通过底层储备点提供的信息服务接口，查询储备点的物资与车辆详情及各储备点的具体仓储信息等。

② 利用云计算等数据处理技术，对底层储备点采集的海量数据进行分析与处理。

③ 基于应急物资调度的需求，分析处理各储备点储备的物资与车辆数据，制定科学可行的应急物资调度方案。

④ 通过网络信息技术或者通信技术向相应储备点下达调度指令。

⑤ 在应急物资调度过程中，实时定位和跟踪物资调度进程，并根据实际情况进行实时调度决策与指挥。

应急调度决策者可以通过有线和无线网络，利用电脑客户端或者移动智能设备及时地链接入平台系统，只要在有网络的地方，就可以进行调度决策，提高应急物资调度的效率，尽量减少调度过程所需要的时间，从而达到时间效益最大化。

4.3 基于 EPC 物联网技术的应急物资调度平台设计

应急物资调度是在突发事件发生情况下最重要的灾后救援环节，它的调度效率直接影响突发事件最终带来的经济和社会损失，因此，人们对提高应急物资调度的信息化、智能化需求越来越高。将物联网技术应用于京津冀应急物资调度领域，以物联网关键技术的应用研究为基础，结合无线网络传输等数据传输技术，构建物联网环境下京津冀区域应急物资调度平台，可提高应急物资调度的信息化和智能化水平。本书借助京津冀区域一体化经济发展的政策大环境，研究京津冀区域应急物资调度公共服务平台，旨在建立一个在京津冀区域应急物资调度领域能够统筹调度的跨区域、跨部门的公共服务平台。

4.3.1 京津冀区域应急物资调度平台搭建的需求分析

4.3.1.1 功能需求

根据前面对应急物资调度相关概念、物联网环境下应急物资调度模式及应用架构的研究，初步搭建应急物资调度系统，按照具体研究对象，其主要分为应急物资储备点平台、应急车辆储备点平台和应急物资调度管理平台，具体各平台子系统的功能需求如图 4-3 所示。

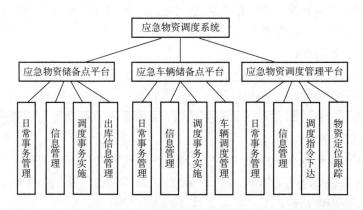

图 4-3 应急物资调度平台系统功能

（1）应急物资储备点平台

应急物资储备点是整个应急物资调度体系的底层操作中心，其完善、有序的物资储备点信息管理能保证应急物资调度指令快速、有效执行。而作为应急物资调度领域的物资储备点子系统，首先，它是一个小型的信息管理系统，拥有一般信息管理系统的基本功能；其次，它是应急物资调度领域中应急物资的信息统计和管理中心，负责对储备点应急物资的基本数据采集、存储和维护；最后，它是调度方案的实际执行层，负责储备点内应急物资的出入库调度与信息记录。

综上所述，对应急物资储备点平台主要有以下功能需求：

① 储备点日常运作信息管理。 如员工管理、财务管理等。

② 储备点配备设施管理。 如对仓库、AGV 小车等的管理。

③ 储备物资信息管理。 储备点的应急物资信息管理是物资储备点平台子系统的管理核心，负责对储备点内每一件物资的自身信息、仓储信息等进行采集、存储与传输。

④ 物资调度管理。 当接到上层调度平台传递的物资调度指令时，储备点平台负责将其转换为具体的行动指令，并传达给相关工作人员落实物资调度。

⑤ 物资出库信息管理。 在物资调度出库装车的过程中，工作人员需要利用 RFID 等技术，将所有装车物资信息与所装车辆信息进行实时统计，将其存储在本地数据库中，并备份到上层数据库中，便于调度过程中物资的跟踪定位。

（2）应急车辆储备点平台

应急车辆储备点平台的基本功能与应急物资储备点平台相类似，其区别在于调度对象不同。 应急物资储备点平台针对的是存储在储备点仓库中的应急物资，而应急车辆储备点平台针对的是运载物资的应急车辆，所以在相关系统功能需求上，两个平台有所差别。 应急车辆储备点平台相对于应急物资储备点平台，拥有以下不同的功能需求：

① 储备点车辆信息管理。 需要对储备点内所有应急车辆粘贴 RFID 电子标签和安装 GPS 全球定位系统，记录相关车辆的详细信息，从而利用物联网技术将所有车辆链接进应急物资调度领域。

② 记录应急车辆的实时动态。 记录诸如使用、闲置、维修等车辆状态，并将其实时共享到应急物资调度平台中。

③ 接收平台下达的车辆调度指令。 落实具体车辆调度工作安排。

（3）应急物资调度管理平台

应急物资调度管理平台是应急物资调度的事件发起点，是应急物资调度体系的管理核心。 而作为公共服务平台，它旨在为政府应急指挥机构提供一个方便快捷的应急调度管理系统和决策支持系统，因此其具体功能需求如下所示：

① 信息查询功能。 应急物资调度管理平台作为调度过程的指挥者，拥有查询应急物资调度体系内所有物理实体的详细信息的权限。

a. 调度平台能够查询所有应急物资储备点的详细信息，主要包括：储备点位置、联系方式、存储物资种类与数量、仓库数量及当前存储情况等。

b. 查询应急车辆储备点的详细信息，包括：储备点地理位置、联系方式、储备车辆详情等。

c. 查询应急物资体系内的所有应急物资或车辆的种类及储备数量。

d. 查询应急物资调度过程中产生的业务信息。

② 辅助决策功能。 应急物资调度管理平台系统是一个典型的信息管理系统，具有指挥、控制和辅助决策等功能。 它以应急物资需求、储备点位置信息、物资与车辆储备信息等为数据基础，结合物联网体系内的智能数据处理技术，对基础数据进行处理与

分析，辅助制定科学可行的应急调度方案。

③ 指令下达与信息交流功能。 调度平台制定决策方案之后，利用物联网体系中的无线网络传输技术和现代化通信技术，一方面，根据应急物资调度方案对方案涉及的各物资或车辆储备点下达调度指令；另一方面，它为调度管理平台和储备点管理平台提供信息交流功能，便于调度指令下达及相关信息与问题反馈。

④ 物资调度的定位与跟踪。 现代应急物资调度更加追求时效性和动态性等特点，对调度过程中物资与车辆的定位跟踪和动态控制需求越来越高。 一方面，我们需要根据应急车辆绑定的车载 GPS 和电子地图实时定位车辆位置，及时查询调度进度；另一方面，我们需要应对调度过程中的突发情况，对应急物资调度进行实时控制，提高应急物资调度的效率。

通过对应急物资储备点、应急车辆储备点和应急物资调度管理平台等应急物资调度体系中调度子系统的功能进行详细需求分析，我们能够更加清楚地了解各系统模块所需实现的业务功能，为下一步系统功能模块的研发提供了理论支持。

4.3.1.2　技术需求

搭建基于物联网技术的应急物资调度平台，从而实现应急物资调度的相关功能需求。 整个应急物资调度体系拥有多样的需求，主要包括：应急物资调度体系相关平台系统开发需求、数据库设计需求、接口开发需求。

（1）平台系统开发需求

应急物资调度相关系统功能开发，为应急物资调度提供相关操作页面。 在平台功能设计开发时，需要根据物资储备点、车辆储备点和物资调度管理平台的功能需求开发相应的后台功能和前台操作页面，为用户提供最直观和简洁的操作功能，为我们提出了平台搭建的后台和前端开发技术需求。

（2）数据库设计需求

数据库技术是管理信息系统、办公自动化系统、决策支持系统等各类信息系统的核心部分，是进行科学研究和决策管理的重要技术手段。 在应急物资调度平台研发过程中，对数据的要求非常精确，所以对平台数据库的技术需求更加迫切。

（3）接口开发的需求

将物联网技术应用于应急物资调度领域，能够有效提高应急物资调度的效率与准确性。 然而在物联网技术的应用过程中，传感器等感知技术的应用越来越广泛，相应地，将传感器获取的相关数据通过网络传输给应急物资调度平台显得越发重要。 因此，我们需要开发相应的数据传输接口，将传感器读取的数据传递给平台，进行相应的数据存储、处理和操作等。

4.3.2　应急物资调度平台的业务流程分析

基于物联网技术的应急物资调度平台是一个大规模的综合性服务管理平台，根据应用对象和功能划分，主要包括三个子系统：物资储备点管理平台子系统、车辆储备点管理平台子系统和物资调度管理平台子系统。每个子系统拥有自身的角色权限及对应功能，将这三种调度子系统紧密地融合在一起，实现应急物资体系的信息化管理，其详细业务流程如图4-4所示。

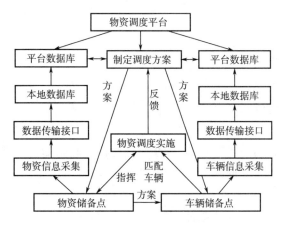

图4-4 应急物资调度业务流程

① 基础数据的采集。物资储备点和车辆储备点基础数据的采集是应急物资调度的数据基础。首先，应急物资储备点通过应用 RFID 电子标签和传感器等技术，采集物资的原始数据并通过数据传输接口将相应的数据传输到储备点本地数据库中；而车辆储备点则通过对车辆绑定 RFID 电子标签记录每一辆车的详细信息，并将采集到的信息通过数据传输接口传到本地数据库中保存。

② 数据备份。物资储备点和车辆储备点通过互联网信息通信技术将本地数据库中的数据备份到物资调度平台中央数据库或者云存储服务器中，方便调度平台在制定调度方案时对相关数据进行及时调用，提高应急物资调度方案的制定效率。

③ 制定调度方案。在接收到应急物资调度需求信号时，应急物资调度平台通过调用储备点有效数据和云计算等智能数据处理技术快速制定物资调度方案，以实现应急物资的快速及时调度。

④ 向储备点传达调度指令。在应急物资调度平台制定出调度方案时，需要通过互联网网络技术将相应的详细调度指令方案传达给相应的物资储备节点。

⑤ 物资储备点落实具体物资调度方案。在落实具体调度方案时，利用 RFID 和传感器等技术，在物资出库时进行相关信息采集并记录所用调度车辆信息，方便应急物资调度过程的跟踪与定位。

⑥ 物资储备点将平台传递的方案指令传递给车辆储备点。车辆储备点根据相关调度指令匹配相应的储备车辆。

⑦ 在调度过程中，及时更新调度状态并反馈给调度平台。通过对调度过程中设定调度状态并伴随调度进程的递进，及时地更新和反馈相关状态，使得应急调度平台可以实时查询调度进程。

4.3.3　应急物资调度平台数据库设计

数据库的设计是应急物资调度平台开发的前提和基础，为应急调度方案的制定提供数据保障。

4.3.3.1　相关物理实体数据库设计

应急物资调度平台是一个大型综合系统，拥有三种具有不同权限的用户：物资储备点用户、车辆储备点用户和平台管理用户。针对三种不同的权限用户，进行相应的数据库设计。

应急物资调度平台的三种不同权限的用户是相互联系的，它们通过相应的操作将物资调度体系内的实体相互联系，链接为一个统一的整体，其 ER 模型如图 4-5 所示。

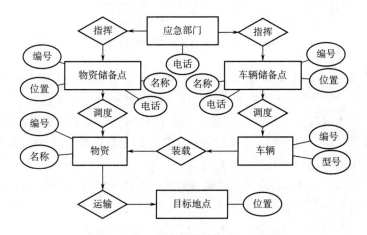

图 4-5　部分系统功能数据库 ER 模型

在应急物资调度过程中，最常见的参与实体主要包括：应急管理部门、物资储备节点、车辆储备节点、应急物资和应急车辆等。

当有突发事件发生时，应急管理部门通过应急调度平台及相关物资需求制定应急物资调度方案，并将调度指令传递给各物资储备点和车辆储备点；然后各物资储备点按照相应的调度指令进行物资出库备运，车辆储备点则根据指令向物资储备点配发相应数量的调度车辆用于装载应急物资；最后从物资储备点出发，将相应物资运送到突发事件发生地，完成整个应急物资调度过程。整个流程需要用到众多实体，其具体描述与属性如下所示：

① 政府应急管理部门。负责对应急物资调度的统筹管理与调度，主要属性有：管理员账号、联系方式、地址等。

② 物资储备点。负责应急物资调度的具体实施，主要属性有：储备点编号、储备点名称、联系方式、地址等。

③ 储备点仓库。 负责应急物资的仓储工作，主要属性有：仓库编号、仓库名称、仓库种类、仓库容量等。

④ 车辆储备点。 负责为应急物资调度匹配相应车辆，主要属性有：储备点编号、储备点名称、联系方式、地址等。

⑤ 物资。 物资是应急物资调度的最终操作对象，主要属性有：物资编号、物资名称、物资所属种类、物资所在仓库等。

⑥ 车辆。 车辆是应急物资调度的载体，主要属性有：车辆编号、车辆所属类型、车辆所属储备点等。

4.3.3.2 平台业务逻辑数据库设计

应急物资调度平台通过相关的业务逻辑将各物理实体有序地链接为一个整体。 业务逻辑层是平台系统架构中体现核心价值的部分，在整个应急物资调度平台架构中的位置非常关键，而针对相关业务逻辑的业务层数据库记录了整个平台的相关业务操作及日志等。 针对调度平台正常运行的业务逻辑，主要从方案制定、调度指令记录、调度过程记录和车辆调度记录等方面进行相关业务分析。

（1）方案制定

方案制定是应急物资调度平台最重要的环节，也是应急物资调度过程的起始环节。 在方案制定过程中，需要对应急方案的相关属性进行记录，其主要属性包括：方案编号（唯一）、方案制定时间、方案制定者、调度物资需求、调度目的地、调度级别等。 其中，调度级别标识该方案所针对的是应急物资调度重要性级别，调度物资需求为相应突发事件所带来的应急物资需求量预估。 另外，应急物资调度平台需要根据储备点位置信息、物资储备详情和事故发生地位置信息制定相应的应急物资调度指令方案。 这些详细的应急指令方案主要包括如下属性：指令方案编号（唯一）、所属方案编号（与总方案对应）、调度物资量、物资储备点（车辆储备点）、制定时间、调度级别。

（2）调度过程

调度过程的记录伴随整个应急物资调度体系。 在对应急物资调度过程进行记录的过程中，主要是对应急物资调度过程明细的统计和车辆调度信息的记录。 对应急物资调度过程明细的统计主要包括的属性有：调度过程编号（唯一）、物资储备点、调度物资信息、应急车辆信息、所属指令方案、出发时间、调度状态、状态更新时间、目的地等。 应急调度车辆信息记录主要包括以下属性：记录编号（唯一）、车辆标号、所属指令调度方案、出发时间、车辆状态等。

4.4 基于 EPC 物联网技术的京津冀区域应急物资调度平台实现

根据前面对基于物联网技术的应急物资调度相关技术和平台设计的详细研究，利用 MySQL 搭建平台数据库，采用 Web Service 作为平台 EPCIS 服务器，并在 MyEclipse10 开发环境下, 运用 Java 编程语言, 开发和实现基于物联网技术的京津冀区域应急物资调度平台。

4.4.1 环境搭建

4.4.1.1 硬件环境

RFID 电子标签: 若干, 包括普通标签、温控标签等, 用于采集信息。

读写器: 若干台, 包括固定式和手持式, 用于读取 EPC 编码信息。

服务器: 三台, 一台应急物资调度管理平台服务器, 两台储备点服务器, 用于向应急物资调度提供信息等服务。

PC 机: 一台, 用于应急物资调度管理平台开发与测试。

4.4.1.2 软件环境

根 ONS 服务器: 搭建于应急物资调度管理平台服务器上, 完成应急物资调度管理平台将 EPC 编码中的厂商识别代码映射解析为相应物资或车辆储备点的本地 ONS 服务器 IP 地址的过程。

本地 ONS 服务器: 分别部署到两台储备点本地服务器中, 完成将 EPC 编码中的厂商识别代码和对象分类代码映射解析为 EPCIS 服务器 IP 地址的过程。

EPCIS 服务器: 分别部署到两台储备点本地服务器中, 用于存储 EPC 编码所对应物资或车辆的详细信息。

数据库服务器: 分别部署到应急物资调度管理平台服务器和两台储备点本地服务器中, 存储基础数据。

管理系统: 分别部署到应急物资调度管理平台服务器和两台储备点本地服务器中, 根据用户角色的不同设定提供相对应的管理服务。

4.4.2 应急物资调度平台的数据库设计实现

数据库设计是应急物资调度平台开发实现的核心环节, 它为平台的正常运转提供基础数据保障, 因此我们需要针对应急物资调度管理平台子系统、物资储备点子系统、车辆储备点子系统和应急物资调度业务过程等的属性, 建立一个相互关联的、低冗余的平台数据库, 其模型如图 4-6 所示。

应急物资调度平台数据库由多张表通过外键相互联系在一起, 将整个应急物资调度体系内的所有物理实体与相关应急物资调度过程相互链接为一个整体。 根据数据库内各表研究对象的特点不同, 可以将其分为: 用户表、物资实体表、业务表三部分。

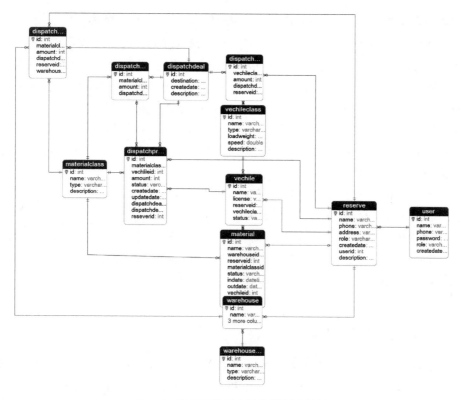

图 4-6　应急物资调度平台数据库模型

4.4.2.1　用户表

用户（user）表记录应急物资调度体系内的所有用户账户信息，对应属性包括：用户名（name）、注册电话（phone）、注册时间（createdate）和用户角色（role）。 其中，注册电话（phone）在 user 表中是唯一的，即每一个电话只能注册一个用户账户；另外，用户角色（role）属性标识每条用户记录所属的账户类型（包括物资储备点账户、车辆储备点账户和平台管理员账户三类），对其角色进行界定，为不同角色用户实现相应角色的功能提供技术支持。

4.4.2.2　物理实体表

应急调度体系中通常会涉及以下几种实体：储备点、物资、仓库、车辆等。 各实体对应的属性如下所述：

① 储备点（reserve）。 储备点是应急物资调度体系中的决策实施单元，是应急调度体系的基础节点实体，其对应的属性主要包括：储备点名称（name）、联系电话（phone）、地址（address）、所属用户（userid）、角色（role）、建立时间（createdate）。 其中，所属用户和角色属性与用户表相对应，不同角色的用户对应相

应的物资或者车辆储备点，而 userid 作为外键将 reserve 与 user 表相链接。

② 物资（material）与仓库（warehouse）。 物资与仓库是应急物资储备点的基础设施，物资是应急调度的研究对象，而仓库与物资相对应，存储不同属性的物资。 其中，物资实体表的属性包括：名称（name）、编号（EPCNode）、状态（status）、出入库时间和众多外键，诸如仓库编号（warehouseid）、储备点编号（reserveid）、最终调度时对应的应急车辆编号（vehicleid）等，记录物资实体的详细信息。 另外，仓库的主要属性包括仓库编号（id）、名称（name）、属性（type）、容量（amount）等，辅助储备点平台子系统存储和调度物资。

③ 车辆（vehicle）。 应急车辆是应急物资调度过程中的运输载体，与物资实体相似，它的数据库实体表属性包括：编号（id）、车牌（license）、状态（status）和众多外键等。 其中，除了与物资实体类似的储备点编号等外键外，它还通过车辆类型外键（vehicleclassid）与车辆类型表（vehicleclass）相链接，记录车辆种类（type）、载重量（loadweight）和速度（speed）等。

4.4.2.3 应急物资调度相关业务表

在应急物资调度过程中产生大量的业务数据，并且需要调度平台对其进行统计与存储。 首先，突发事件发生时会伴随产生相应的预估应急物资需求数据，将其存储在应急调度需求表（dispatchdeal、dispatchmaterial、dispatchvechile）中，分别存储应急物资调度的目的地、物资需求量和车辆需求量等信息；其次，在调度平台制定应急物资调度方案后，将其存储在相应的调度方案表（dispatchscheme）中，其包含的具体方案属性有编号（id）、物资种类（materialclassId）、数量（amount）及相关外键，其外键指出调度方案具体指向的调度需求（dispatchdealid）、实施配送物资与车辆的储备点（reserveid）等；最后，应急调度平台需要记录应急物资调度过程中产生的相关业务记录，包括调度方案、物资出入库详情、调度进度等。

4.4.3 京津冀区域应急物资调度平台的相关功能实现

应急物资调度平台是一个大型综合性信息管理系统，主要包括调度管理平台、物资储备点管理平台和车辆储备点管理平台三个子系统。 下面我们分别介绍三个子系统的具体实现功能。

4.4.3.1 登录界面

基于物联网技术的京津冀区域应急物资调度平台是一个典型的管理信息系统，它需要通过用户账号登录获取信息管理权限，其登录界面如图 4-7 所示。

京津冀应急物资调度管理平台的登录首页需要为用户提供相应的账号注册登录和信息展示等功能，具体描述如下：

图 4-7 应急物资调度平台登录界面展示图

① 用户注册和登录功能。 调度平台内所有子系统的管理都需要用户账户登录实现，所以，首先需在首页设计一个用户登录功能，通过验证用户名与密码，实现用户登录；其次，首页还需要提供用户注册功能接口，为新用户的创建提供技术支持。 在用户注册过程中，需要统计用户名、联系方式、角色设置等信息，其中注册用户的联系方式不能重复，即 user 数据表中的 phone 字段不能出现重复值，每一个用户的注册联系方式都是唯一的，另外，注册中的角色设置与 user 表中的 role 字段相对应，包括调度管理员、物资储备点用户和车辆储备点用户三种，为实现用户不同角色的不同功能需求提供技术支持。

② 应急物资调度平台的三种角色详情介绍。 作为应急物资调度公共服务平台首页，需要对该调度体系针对的用户对象进行相关介绍，即对调度管理员（admin）、物资储备点用户（material_reserve）和车辆储备点用户（vechile_reserve）三种系统用户进行介绍，主要包括各用户的面向对象和基本功能等信息。

③ 展示最新新闻讯息。 本调度平台的研究地域是京津冀区域，研究对象是应对突发事件的应急物资调度，所以在京津冀区域应急物资调度管理平台中，我们可以对近期京津冀区域内的突发事件、应急物资调度、京津冀区域发展政策等信息以实时快讯的形式展示在首页中，以便用户更直观地了解京津冀区域发展以及区域内应急物资调度情况。

4.4.3.2 物资调度管理平台

物资调度管理平台子系统是应急物资调度平台的核心管理部分。 它主要实现应急物资调度中相关储备点的信息管理、应急物资调度安排等功能。

（1）储备点信息查询功能

本书基于京津冀一体化大环境，研究应急物资调度技术，它的应急物资储备点分布在北京、天津和河北三个省市。如图 4-8 所示，该功能主要提供对储备点的相关信息查询，其中包括所属省（市）、唯一编号、地址、联系方式、相应物资或车辆储备属性；并且我们可以通过对储备点属性的设定，查询相应的物资储备点或者车辆储备点。

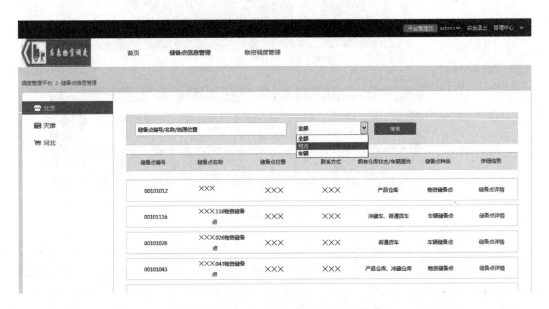

图 4-8　应急物资调度储备点信息管理功能设计

储备点详情功能，如图 4-9 所示，其负责为用户展示某一个应急储备点的所有属性信息，诸如名称、编号、联系方式、具体地址等基本信息。此外，当该储备点为物资储备点时，储备点详情页还能为用户展示该储备点所存储的物资种类、存放数量及其相应的存放仓库、仓库编号、仓库属性、容量及可用容量等信息；而当该储备点为车辆储备点时，储备点详情页会为用户展示相应的储备车辆详细信息，如车辆编号、属性、车牌号、型号、载重量、车辆当前状态、司机联系方式等。

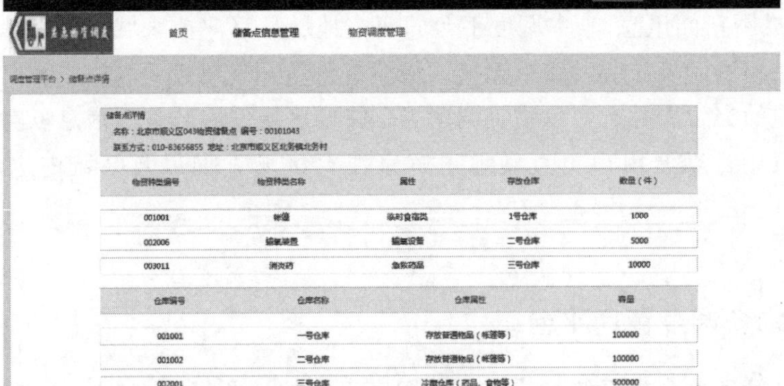

图 4-9　储备点详情页展示

（2）物资调度管理

应急物资调度平台最重要也是最关键的功能是根据应急物资调度的需求制定物资调度方案。本书针对应急物资调度业务流程，在物资调度平台子系统中，主要实现以下功能：制定调度方案、查询调度进度和查询历史调度方案记录。

① 制定调度方案。调度方案的制定是应急物资调度过程中最关键的环节，如图 4-10 所示，调度子系统通过添加应急调度需求，将相关需求传递给后台算法程序，通过数据处理与分析，制定科学可行的应急物资调度方案，并且将应急物资的调度需求通过网络信息传输技术传递给相应的储备点节点。

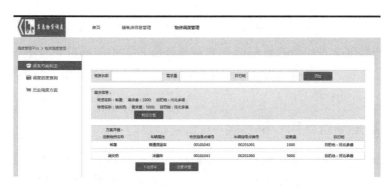

图 4-10　应急物资调度平台方案制定操作界面

应急物资调度需求包括所需物资名称、需求量以及目的地等；相应产生的调度方案则需要包括物资名称、所需车辆属性、运载量、目的地以及物资储备点和车辆储备点编号。相关信息缺一不可，只有完善的方案信息，才能正常实施应急物资调度。相关调度功能还提供指令下达和进度查询功能接口，根据相应的储备点编号将调度指令通过电话或者以信息的方式传递给相应储备节点。在物资调度过程中，通过对调度过程状态字段的修改，标记相应的应急物资调度进度，实现调度进度查询。

② 应急物资调度进度查询。在应急物资调度指令下达给相应的物资储备点和车辆储备点之后，作为应急物资调度平台的管理员和指挥者，我们需要对应急物资调度过程进行定位与跟踪，能够快速查询调度进度。并且，当在调度过程中发生突发变故时，如预定调度路线出现车辆拥堵情况，我们需要根据调度进程对具体方案进行相应的修改，保证调度方案的准确性，以便提高应急物资全程调度效率。在此平台子系统中，应急物资调度进程查询功能如图 4-11 所示。

图 4-11　应急物资调度进度查询示例

在应急物资调度过程中，调度平台对其进度的查询是非常必要的，这有助于调度决策者对调度过程中的调度方案根据实际情况进行实时动态管理。调度进度查询功能，以调度方案制定功能制定的详细应急物资调度方案为基本对象，通过查询综合应急车辆动态和物资调度动态，标记应急物资调度进程。应急车辆的详细状态信息包括：始发、途中（往物资储备点）、到达（物资储备点）、出发、途中（前往事发地点）、到达（完成调度）等。应急物资的详细状态信息包括：仓储中、出库、装车、卸载等。将这两个物理实体对象的状态信息进行有序组合，就是应急物资调度的对应进程，如车辆到达物资储备点、物资正在出库与装车，则此时的调度进度状态应为应急车辆已到达相应物资储备点，正在装车中。

③ 历史调度方案查询。它是对应急物资调度平台已完成业务的记录，将所有已完成的应急物资调度全过程中的物资调度方案及调度过程中的临时指挥决策等信息记录在业务表中，管理员可以通过相关时间或方案编号对历史调度方案进行详细信息查询。

4.4.3.3 物资储备点平台子系统

物资储备点平台子系统是物资调度的最终方案落实环节，为应急物资调度体系提供充足的物资支持和基础数据支持，它负责对物资储备点内的所有物资实体进行信息管理，并落实调度指令，其主要实现的功能包括仓库信息管理、物资信息管理和调度指令实施等。

（1）仓库信息管理

如图 4-12 所示，物资储备点平台子系统主要实现仓库和物资的相关信息查询。在这里仓库分为普通仓库、冷藏仓库和恒温仓库等，普通仓库用于存储适合常温和自然通风的物资，如帐篷、雨衣等；冷藏仓库用于存储适合低温存储的物资，如应急食品等；恒温仓库与冷藏仓库相类似，都是存储对于温度有需求的物资，如应急药品等。相关仓库的信息包括：仓库名称、容量及可用容量、仓库属性及相关负责人。另外，我们可以通过仓库使用详情功能，查询某一个仓库的具体仓储信息。

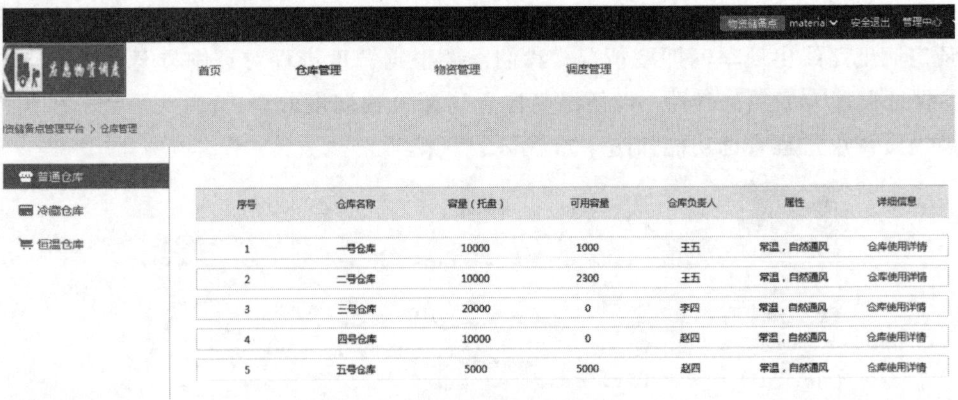

图 4-12　物资储备点仓库管理功能

（2）物资信息管理

物资信息管理是物资储备点最基本的系统功能，一方面，它负责将物资储备点内的所有应急物资信息以表格的形式展现出来，并提供针对应急物资名称和仓库的条件查询；另一方面，它需要为储备点应用相关物联网技术采集物资信息提供功能接口。

① 物资信息查询。 物资储备点的物资信息查询功能是对储备点内所有应急物资的信息查询。 首先，如图 4-13 所示，它将应急物资分为常温存储、恒温存储和冷藏存储三种类型，与储备点的仓库分类相对应；其次，物资信息以表格的形式进行展示，主要展示信息有：物资名称、物资对应编码、物资属性及状态、对应存储仓库等；最后，为方便储备点管理平台对物资信息进行查询，提供相应的条件查询：物资编码、物资名称和所存储的仓库。

图 4-13　物资储备点物资信息查询页面

② 物资信息采集。 储备点物资信息采集是将物联网技术应用于京津冀区域应急物资调度的基础应用，也是关键应用。 物资储备点利用手持读写器等识读设备扫描应急物资上所粘贴的 RFID 电子标签，读取相应的 EPC 编码，并通过物资储备点内的 ONS服务器和 EPCIS 服务器获取物资的详细信息，将其传递给物资储备点平台子系统，以便数据应用与操作，其具体功能如图 4-14 所示。

图 4-14　储备点物资信息采集页面

储备点物资信息采集主要实现物资的信息采集与相关数据存储。首先，信息采集主要是将底层 EPC 物联网系统读取的信息以一定的格式给用户进行必要信息展示，即对 EPC 物联网系统读取到的 PML 服务器内的物资详细信息通过特定的信息转换格式处理为易懂的信息字段，并以表格的形式展示给用户。其中，信息采集及展示的主要信息属性有物资编号、物资名称、物资存储质量、物资所属仓库和物资的存储环境。其次，在完成对应急物资信息的批量读取之后，需要对相应数据进行验证和保存，主要操作包括物资编码验证、物资质量验证和数据上传。其中，物资编码验证是为了去除无效或者异常数据，提高物资调度方案制定的准确性；物资质量验证可以将质量不达标的物资及时地清除，保证应急物资的质量，降低因为调度物资不达标带来的不必要损失；数据上传是将经过初步处理的合格产品数据传递到本地数据库服务器中，并应用网络共享技术共享在应急物资调度平台的中央数据库服务器中，为应急物资调度提供数据支持。

（3）调度指令实施

物资调度管理平台的调度管理功能与物资调度管理子系统相类似，不过在物资储备点则是将应急物资调度指令下达到每一个仓库，对所需物资进行相应的出库操作，并记录相关操作状态，其具体功能如图 4-15 所示。

图 4-15　物资储备点调度方案制定下达页面

物资调度管理平台子系统在接到调度平台传递的调度指令时，以指令传达的物资需求和本地物资仓储情况为基础，通过后台程序进行相应数据处理和分析，制定最终调度方案，并通过指令下达功能传达给各仓库负责人，落实物资调度，并记录相应的调度状态。另外，物资储备点平台还可以通过进度详情，依据物资调度状态，查询调度进度，如出库、装车、完成等。

4.4.3.4　车辆储备点子系统

车辆储备点平台子系统的功能需求与物资储备点的功能需求相类似，负责辅助物资储备点实现应急物资到突发事件发生地的运输。主要功能有：车辆信息管理和车辆调度安排。

（1）车辆信息管理

车辆储备点根据调度物资的属性需求，将应急车辆分为两类：普通货车和冷藏车，如图 4-16 所示。平台提供相应的车辆信息展示和查询功能，展示的主要信息属性有：车辆编号、车牌号、车辆属性、载重量、司机联系人及车辆当前状态。车辆编号是与

图 4-16　车辆管理页面

应急车辆绑定的唯一编号，物资调度管理子系统和物资储备点子系统都是通过其编号对应急车辆进行调度安排；车辆当前状态标记其使用情况，为车辆调度安排提供数据支持。　另外，平台提供条件查询功能，方便对具体车辆查询，主要查询条件为：车辆编号、车牌号和车辆状态，其中，车辆状态条件查询方便用户查询使用中或者可以立即派往物资储备点的车辆信息。

在车辆信息管理中，储备点还提供车辆定位的功能，通过将车载 GPS 定位系统与应急车辆绑定，使得平台可以利用互联网网络、GIS 和电子地图等技术，对应急车辆进行定位跟踪。　通过点击车辆定位链接，将所需查询车辆的车牌号等信息通过数据传输接口，传递给 GPS 定位系统，并提请位置定位服务，最后 GPS 定位系统将定位详细信息反馈给调度平台。

（2）车辆调度

车辆调度平台的核心管理功能是具体车辆调度方案制定，详细功能如图 4-17 所示。

图 4-17　车辆调度管理页面

车辆储备点的车辆调度管理功能与物资储备点的物资调度功能相类似，在接收到调度平台下达的调度指令后，车辆储备点以应急车辆需求、储备点内空闲状态车辆数量、容量、速度等为基础数据，以尽量少地派遣应急车辆和尽量小的车载空间浪费为综合目标，通过后台数据处理，获得相应的调度方案。　如图 4-17 所示，主要信息属性包括：车辆编号、车牌号、车辆容量、需要装载物资数量、目的地、司机联系方式、对应物资储备点编号和物资储备点名称等。　用户可以根据下达指令功能，以短信或者电话的形式通知司机尽快前往相应的应急物资储备点。　并且平台可以根据车辆管理中的GPS 车辆定位和车辆调度中的状态更新（出发、前往物资储备点途中、到达物资储备点、装车、前往事发地点、完成等），确定相应的调度进度。

本章小结

本章针对突发事件频发及其破坏性越来越高的问题，结合人们对突发事件发生后应急物资及时调度的需求和京津冀一体化发展的前景，以时间效益最大化为目标，以RFID等物联网技术为信息化手段，以应急调度为视角，以应急物资为研究对象，提出基于EPC物联网技术的京津冀区域应急物资协同调度解决方案，设计和实现基于物联网技术的应急物资调度平台，满足人们对应急物资调度的信息化需求，在一定程度上提高应急物资的调度效率。本章完成的主要工作及创新如下：

第一，在详细阐述应急物资调度和物联网相关技术的理论知识和分析将物联网相关技术应用到应急物资调度中的优势的前提下，通过分析现有应急物资调度模式的问题和不足，结合物联网技术的特点，提出了适合突发事件应急物资调度的物联网技术应用模式。该模式通过利用当前理论研究热点物联网相关技术，实现了应急物资调度的信息化和智能化，满足了对调度过程的及时性和准确性要求。

第二，从物联网关键技术、基于物联网技术的应急物资调度结构体系、EPC物联网系统等相关技术的研究出发，提出了基于EPC物联网技术的京津冀区域应急物资调度应用架构，实现了物联网技术与应急物资调度领域的全面结合。该种架构为物联网技术在应急物资调度领域的应用提供了一定的理论参考和技术指导。

第三，本章从基于物联网技术的应急物资调度平台的功能和技术需求分析，结合应急物资调度流程和相关平台数据库设计，充分研究基于物联网技术的京津冀区域应急物资调度平台的具体功能及相关业务流程；最后借助数据库技术和系统开发技术对物资调度平台、物资储备点管理子系统和车辆储备点管理子系统进行功能实现。该平台的搭建为实现应急物资调度公共服务的区域协调性提供一定的技术支持，具有一定的现实意义。

由于作者能力所限，研究不够全面和深入，还需要在以下几个方面进行更广泛和深入的研究。

第一，本章设计和开发的应急物资调度平台涉及从储备点物资与车辆等实体的基本信息采集，到应急物资调度的方案制定，最后实现应急物资的调度与进程追踪。物资调度的主体是政府应急物资调度服务部门、众多物资储备点和车辆储备点，所以平台的实施存在以下困难：

a. 区域应急物资调度平台的实施是一个长期的过程，需要有一个主体来协调组织整个平台的管理。

b. 平台初期的建设成本高，投资大，并且需要不断维护，需要采用合理的方式进行经营。

c. 本章的平台研究是基于京津冀区域经济建设一体化的大环境，搭建的是京津冀区域内应急物资协同调度平台，因此对相关部门的协同合作要求比较高。

d. 应急物资调度平台作为一个公共信息交换平台，担负着信息传递的中间角色，因此平台内用于交互的信息是否准确、安全，是各方非常关心的问题。如何解决上述平台实施中存在的困难和问题，是今后研究的一个方向。

第二，本章研究的是基于物联网技术的京津冀区域应急物资调度平台，所以对京津冀区域内的物联网技术标准化需求非常高，下一步的研究趋向于物联网区域应用的基础——标准化。其中应包括如下几方面：

a. 京津冀区域内的应急物资 EPC 编码标准化。

b. 京津冀区域内的应急车辆编码标准化。

c. 京津冀区域内的各储备点信息设置标准化。

d. 京津冀区域内应急调度领域内的物流设施标准化。

e. 网络信息传输方式及信息格式标准化等。

第三，加强对应急物资区域调度算法的研究，在将物联网技术应用于应急物资调度领域以便提高应急物资调度效率的情况下，通过高效的应急物资调度算法进一步降低应急物资调度决策制定环节的时间成本，提高调度效率。

第**5**章

物联网技术在
易腐食品运输
监测数据采集
系统中的应用

- ● 系统总体方案设计
- ● 易腐食品运输监测数据采集系统硬件平台搭建
- ● 易腐食品运输监测数据采集系统软件设计
- ● 易腐食品运输监测数据采集系统监测中心
- ● 易腐食品运输监测数据采集系统调试

5.1 系统总体方案设计

5.1.1 环境因子分析

5.1.1.1 特征气味的检测

微生物病原菌体是易腐食品变质的根本原因，微生物病原菌是由温度（在水果和蔬菜的贮藏过程中，几乎所有影响果蔬品质的因素都与温度有关）、湿度（由于微生物和真菌的繁殖会引起易腐食品的变质，所以必须确定这些微生物的水活性）、光照（光合作用，光照在水果和蔬菜的栽培过程起关键作用，但在运输储存中并不是必要因素）和机械损伤（造成易腐食品表皮受伤从而引起微生物的病原菌体）的变化等引起的，或者从田间（感染病菌的叶部和土壤中）直接带来的。

钱玉梅等研究认为草莓引入我国的时间不长，只有五六十年，欧美国家的主要水果之一就是草莓。草莓含有很多营养元素，如：较丰富的糖、蛋白质、游离氨基酸。除此之外，有较高含量的铁和锌，与其他水果相比，维生素含量较高。张福星和蒋炳生研究认为草莓在具有营养价值的同时还具有清火解热和生津止渴等药理作用。草莓有以下特点：含水量高，组织娇嫩，无外皮保护。草莓的机械损伤和因灰葡萄孢霉侵染而腐烂变质就是由这些特点造成的，因此草莓采摘后一般条件下难以存储和长途运销，必须当天销售和食用，否则极易腐烂变质，损失率极高。

关于果蔬中乙醇积累的机制目前已经开展了一些研究。例如，李鹏等研究发现：冬枣果肉随着储藏期的延长导致乙醇含量逐渐上升，丙酮酸与乙醛含量均呈先上升后下降趋势。Roberts等研究发现：无氧呼吸作用和呼吸途径的改变是导致果实积累乙醇的一种情况。后来Ke等证实了Roberts等的结论：草莓果实在低氧胁迫下的重要代谢产物就是乙醇。新鲜的"丰香"草莓被邢宏杰等用于做不同冷藏温度的试验，得出结论：随着冷藏温度升高，腐烂程度加剧，同时乙醇质量分数也越高。根据试验结果，邢宏杰等建立了能够较好地预测草莓果实冷藏中的腐烂状况的基于乙醇质量分数的果实腐烂指数预测模型。2012年，关于"丰香"草莓和"红艳"草莓采摘后乙醇积累的机理试验由李会会进行研究且得出结论：各组草莓在冷藏过程中，温度越高，草莓果实腐烂越快，草莓果实乙醇浓度越大；草莓乙醇浓度积累能力因品种不同而不同（草莓果实中积累乙醇的原因可能是果实内丙酮酸的积累以及PDC和ADH两个酶活性的提高）。

5.1.1.2 传感器选型

草莓在常温下（平均温度20℃）极易腐坏变质，并产生酯类、醛类、醇类、烃类、酮类等多种有机挥发物。乙醇传感器对醇类具有较高的灵敏度，对醛类、烃类具有一定的灵敏度。 同样的甲醛传感器对醛类具有最高的灵敏度，对乙醇、烃类具有一定的灵敏度。 因此，可以选择乙醇或者甲醛传感器对草莓腐坏进行检测。 表 5-1 是市面上三种测量醛类和醇类的常用传感器。

表 5-1 醛类和醇类传感器参数

项目	MQ-3	NE-HCHO-S	DART-2-FE5W
厂家	国内厂商	NEMOTO	DART
测量气体	乙醇	甲醛	甲醛
干扰气体	甲醛	乙醇、芳香烃	乙醇、酚类、SO_2
量程	0～50ppm	0～10ppm	0～2ppm
精度	±0.2ppm	±0.05ppm	±0.1ppm
最大零点漂移	2ppm	1ppm	0.5ppm
T90 响应时间	＜20s	＜50s	＜30s

注：ppm 表示体积浓度，即 $1ppm = 1cm^3/m^3 = 10^{-6}$，每立方米的大气中含有测定气体的体积（立方厘米）大小。

实际在测量草莓腐坏的过程中，乙醇的浓度值大概在 2～10ppm 之间，而具备这一量程要求的有 MQ-3 和 NE-HCHO-S。 相对于 MQ-3 来说，NE-HCHO-S 具有合适的测量量程和良好的分辨率，但是其价格远远高于 MQ-3。 对本书的项目来说，测量草莓的腐坏程度不需要很高的测量精度，因此，选择 MQ-3 作为监测草莓腐坏程度的传感器。

5.1.2 系统方案设计需求

冷链运输的关键在于用低温的环境抑制微生物的生长，延缓易腐食品变质。 所以，易腐食品监测系统的核心在于对冷藏车的环境进行感知和监测，其中，温湿度是最基本的监测参数，是保证冷藏车正常运输的关键所在。 另外，针对不同的食品，研究分析其在变质腐坏过程中产生的特征气味也能对易腐食品进行细化监测，进一步提高冷链运输的监测能力，保证易腐食品的正常运输。 采集系统可提供整个运输过程的环境状态数据，可作为食品质量保证的依据，并指导提高和改善运输的质量。 本系统的性能要求如下：

① 实现多点、多环境参数、多传输模式等传输体系。

② 模块化设计，统一硬件接口，易于更换监测参数。

③ 无线传感器网络具备高稳定性、高安全性、高抗干扰能力。

④ 网络可扩展性强，组网方式多样，维护方便。

⑤ 具备远程数据传输能力，适应恶劣环境。

⑥ 易腐食品质量监测平台具备与无线传感器网络的前向链路以及上层服务中心的通信能力，实时上传易腐食品运输温度、湿度和乙醇浓度监测数据，用户可方便地从上层服务中心查询数据。

⑦ 监测平台设计友好、简洁的界面，操作简便，具有数据查询、记录和导出功能。

5.1.3 系统方案应用分析

多种短距离、低功耗、高数据传输速率的无线通信的新技术、新标准随着网络技术的发展而涌现。 目前，在短距离通信技术里，应用较为广泛的有：基于 IEEE 802.11 系列协议的 Wi-Fi 技术、基于 IEEE 802.11s 协议的无线 Mesh 网络、基于 IEEE 802.15.1 协议的蓝牙（Bluetooth）技术、基于 IEEE 802.15.4 协议的 ZigBee 技术、超宽带 UWB 技术、射频识别 RFID 技术、近场通信 NFC 技术等。

上述各种技术中，2.4G 通信技术最适合 WSN 网络。 表 5-2 显示了主流 2.4G 无线通信技术的协议标准、传输带宽、功耗、作用距离和网络容量性能参数。

表 5-2　短距离通信技术对比

项目	Wi-Fi	Bluetooth	ZigBee
协议标准	IEEE 802.11 系列	IEEE 802.15.1	IEEE 802.15.4
最大传输速率	54Mbps	1Mbps	250Kbps
使用频段	2.4GHz	2.4GHz	2.4GHz
输出功率	40～200mW	1～100mW	1～2mW
覆盖范围	20～100m	2～10m	10～100m
可支持最多节点数	30	7	65000

从上表比较得：ZigBee 具有较远的传输距离，并且可支持大量的数据节点。 虽然 ZigBee 的传输速率要小于 Wi-Fi 和蓝牙，但是它的功耗和成本却具有明显的优势。 在组网方面，ZigBee 具有多种网络拓扑结构，支持大量、灵活的组网方式，符合无线传感器网络的特点。 本书根据设计要求，在综合考虑成本、功耗、传输距离、传输速率等因素的基础上，选用 ZigBee 技术作为无线传感器网络进行环境信息采集，RFID 技术作为物品自动识别的解决方案。

5.1.3.1　ZigBee 概述

ZigBee 是一种短距离、低功耗、自组织、低复杂度的无线传输网络协议。 它有三个允许的工作频段，一个是通用的 2.4GHz 频段，一个是欧洲使用的 868MHz 频段，还有一个是美国使用的 915MHz 频段。 IEEE 组织在 2003 年通过了第一个 IEEE 802.15.4 标准，在此基础上又发布了 IEEE 802.15.4g 标准和 IEEE 802.15.4e 标准，分别针对智能电网应用和工业控制应用。 随着智能化时代的来临，ZigBee 得到了飞速的发展，尤其在智能家居方面得到了广泛应用。 它的主要特点如下：

① 低成本。 IEEE 802.15 协议是一个免费协议，不需要专利费。 几乎每个 ZigBee 技术集成解决方案都提供免费的协议栈，简化开发流程。 而且各大厂商的集成

ZigBee 芯片价格低廉，功能强大，有效降低了系统成本。

② 低功耗。 IEEE 802.15 协议本身就是一种低功耗无线网络解决方案，并且它的传输速率相对较低，还具备多种休眠方式，大大降低了功耗，适用电池方案。

③ 时延短。 节点加入网络通常只要 30ms，从休眠模式到工作模式通常只要 15ms。

④ 网络容量大。 一个 ZigBee 网络理论上可容纳 65535 个节点。 具有多种网络拓扑结构，全功能节点可以作为父节点，允许其他子节点加入。 同个信道里也可存在不同的 ZigBee 网络，大大增加了局域网的规模。

⑤ 传输可靠。 ZigBee 使用了 CSMA/CA 防碰撞机制和信道扫描的方式来避免数据的冲突，提高了通信的可靠性。

5.1.3.2 ZigBee 网络节点类型

ZigBee 网络节点按照通信能力可分为全功能设备（Full Function Device，FFD）和精简功能设备（Reduced Function Device，RFD）两种类型。 全功能设备（FFD）具有 ZigBee 协议的很多功能，它可以在网络中充当协调器、路由器，具有强大的数据处理和存储能力。 精简功能设备（RFD）比全功能设备具有一定的局限性，精简功能设备（RFD）只能充当终端节点角色，传输信息给 FFD 或接收 FFD 下发的数据信息而不具备路由链路和数据转发的能力。

① 协调器。 在任意一个 WSN 网络中协调器节点只能有一个，它是整个 WSN 网络的核心，这与 WSN 网络采用星型、树型、网状结构无关。 协调器的作用是：进行通道选择、创建网络、协调其他节点加入等。 因为 ZigBee 网络具有分布特性，协调器在完成网络的建立和整个网络的初始化操作后，协调器此时是作为一个普通的路由节点，且 WSN 网络的通信并不依赖协调器。 等到 WSN 网络启动后就把协调器节点关闭，传感器网络仍处于通信状态。

② 路由器。 路由器具备全功能设备的特征，它不作为网络建立的发起者，而是作为网络的维护者和数据的传递者。 与协调器不同的是，一个 ZigBee 网络可以有多个路由器作为远距离延伸的关键设备。 路由器在网络中作为信息接收和转发的中转站，负责接收和传递来自其他节点的信息，从而实现多跳的功能，增强网络的可靠性和增加传输距离。 同时其可作为父节点允许其他子节点的加入。

③ 终端设备。 终端设备是一种精简功能设备（RFD），它一般只负责发送环境参数采集数据和执行协调器下发的命令，不具备路由功能。 终端节点在节点处于空闲状态时会进入休眠模式降低功耗，在系统有任务时能迅速从休眠模式中醒来并执行采集和发送任务。

5.1.3.3 网络拓扑结构

如图 5-1 所示，星型网络拓扑结构是以一个协调器节点作为网络中心，众多传感器

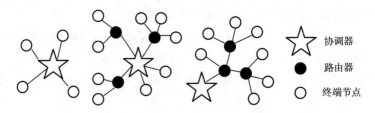

图 5-1　ZigBee 网络三种拓扑结构类型

节点呈现辐射状分布的网络结构。 星型网络拓扑结构是辐射状结构，辐射的中心就是一个 FFD 设备，它被设置为整个网络的协调器，其他节点都与它相连，并且独立运行。 网络中的终端节点只能通过协调器进行通信。 星型网络拓扑结构也是最简单的一种网络结构，它没有复杂的路由结构和网络管理，所以节点的信息传递和路径都是确定的，大大方便了节点的管理。 由于网络中只有一个路由节点（协调器），它的网络容量就是整个星型网络的网络容量，所以具有很大的局限性。

树形网络拓扑结构的最重要的特征在于节点的多级分布。 它由一个协调器节点作为网络的起点，大量的路由器节点和终端节点呈现分级分布组成。 在网络里，协调器节点作为树的主干，路由器作为树的枝干，终端节点作为树的枝丫，层层生长，可以组成庞大的树形网络结构，以此类推，级联下去可达到成千上万级。 信息的上传是就近到达最近祖先节点，再通过其向下传递到目标节点，这样就完成了一个节点向另一个节点发送数据的过程。 树型网络拓扑的父子关系消息传递机制具有链状效应，即如果一个重要的父节点失效之后，以此父节点作为唯一通道的所有节点都将无法正常通信。因此树形网络的稳定性和健壮性不够强。

网络中多个 FFD 和 RFD 交错分布，形成了复杂的网络状结构就是网状拓扑网络。在网络中，协调器、路由器形成了多种连接关系，并以此拓展更多的终端节点。 两个节点之间一般存在着多个路由途径，因此它具有更高的灵活度、更高的稳定性和更高的传输效率。 整个网络形成了互补的关系，即使其中的一个路由节点出现故障，以它为路由的其他节点也能重新寻找其他路径，因此，网状拓扑网络具有很高的可靠性。

在实际的应用中，往往存在着多种网络结构并存的方式，形成以一种网络拓扑结构为总体布局，多种不同局域网络并存的复杂网络结构。 这就要求用户对网络进行精心的规划和布置，形成相对稳定、高效的网络拓扑结构。

5.1.4　无线传感器网络与 Internet 结合

随着互联网技术的不断普及及其在越来越多领域的应用，协同工作和资源共享成为互联网技术的两大特点，也就是在完成自身任务的同时，通过共享自身的资源实现二次价值。 互联网技术刚好弥补了数据采集系统数据利用效率不高的特点，无线传感器网络接入 Internet 后，一方面方便了数据获取途径，做到了远程访问和查询，另一方面可以为自动化控制与远程监测结合提供远程操控的数据基础。 最后，采集到的数据可提供给相关研究部门对数据进行潜在价值挖掘，从而用于指导实际的生产活动和优化产业结构。

5.1.4.1 GPRS 概述

通用分组无线服务（General Packet Radio Service，GPRS）是一种以数据包作为传输计量的无线通信服务。它是基于 GSM 技术发展而来的。它的出现弥补了 GSM 在数据传输速率方面和分组数据方面的不足，介于第二代和第三代移动通信技术之间，所以很多人也把 GPRS 技术视为网络 2.5G 时代。它的通信速率理论上可以达到 171.2kbps，但实际上由于受网络编码方式和终端支持等因素的影响，实际通信速率在 30kbps 到 40kbps 之间。GPRS 技术最大的优势在于它能共享通信通道，在建立连接的过程中没有一直占用 TDMA 信道，而是在需要传递数据包的时候才占用信道资源，因此，它比 GSM 节省更多的资源。分包传输和一直在线的特点也决定了它以流量作为计费的标准。

系统采用了具有远程数据传输能力的 GPRS 模块对温室环境进行远程监测，这样用户就可以通过网络足不出户对监测区域进行查看和远程控制。虽然移动网络和通信技术高速发展，我们已经全面进入了 4G 时代，但是 GPRS 网络仍然具有它本身的优势，比如通信成本低、信号覆盖面积大、使用方便等。它的优势正是低成本的远程监测系统的需求。

5.1.4.2 GPRS 通信体系结构

智能设备通过 GPRS 网络与 GSM 进行沟通，首先 GPRS 分组数据通过 GSM 基站发送到 GPRS 节点 SGSN（GSM 网络结构中一个节点），在 SGSN 与 GGSN（称为 GPRS 网关，即连接 GSM 网络和外部分组交换网的网关）之间完成数据交换；然后网关支持节点对 GPRS 数据包进行处理并发送至其他网络。同样，来自网络的信息包含移动台的 IP 地址包，由 GGSN 接收后发送给 SGSN，最后到达移动台。SGSN 和 GGSN 在整个 GPRS 分组业务中充当重要的角色。SGSN 通过 BTS 与移动台进行连接，主要负责完成 GGSN 和移动台之间移动分组数据的接收和发送，并记录移动台的当前地理位置信息。而 GGSN 与 SGSN 之间则通过基于 IP 协议的网络进行连接，分组数据包在这里与外网进行数据交互。GGSN 负责把分组数据包进行协议转换，并传输到远程的基于 TCP/IP 或者 X.25 的网络。这种远程数据传输方式符合冷藏车数据远程传输的需求，结合易腐食品数据采集系统的传感器网络，形成了从采集终端到服务器的数据传输途径。这样既充分发挥了无线传感器网络的灵活性，又体现了 GPRS 网络远程传输数据的优势，使得远程监测管理系统的实现成了可能。

5.1.4.3 GPRS 特点

GPRS 的出现使得移动上网得到了普及，是一次真正的移动网络革命。它的特点如下所述。

① 信号覆盖范围广。由于 GPRS 是基于 GSM 发展而来的，所以原来铺设的 GSM

网络设备几乎不用更换，只需要做一些升级和优化即可提供 GPRS 服务。

② 持续连接。 GPRS 的信道共享技术可以节省大量的资源，用户在保持连接的时候，如果没有数据发送业务，那么它将释放所有的无线信道供其他设备使用，当有数据服务时，又能马上使用无线信道进行数据传输。

③ 高速数据传输。 GPRS 技术的传输速率在理论上可达 171.2kbps，可以用来传输数据量较大的多媒体信息。

④ 流量计费。 运营商根据用户使用的流量计算费用。

⑤ 数音同传。 在语音通话的同时也能进行数据传输服务。

5.1.5 系统总体方案设计

本章建立一种基于 WSN（无线传感器网络）和 RFID 融合的易腐食品（以草莓为例）运输监测数据采集系统，该数据采集系统包括温湿度传感器、乙醇传感器（乙醇是草莓腐坏正相关参数，因此选择乙醇传感器监测乙醇浓度）、RFID 读写器和标签、ZigBee模块、网关、服务器 PC 终端机。

5.1.5.1 系统结构设计

该系统由温湿度传感器、乙醇传感器、RFID 读写器和标签、ZigBee 模块、GPRS网关、服务器 PC 终端机等几个部分组成，其结构图如图 5-2 所示。 在易腐食品监测运输车上设置多个集装箱，在每一个集装箱内，都安装有集成的数据采集系统箱子。 在集成的数据采集系统中每个温湿度节点通过 ZigBee 无线网络把采集到的温湿度传送到网关中的 ZigBee 协调器上，然后网关通过 GPRS 与 PC 终端机上的服务器无线通信后把协调器汇集的信息存储到数据库中，存储的数据可以在 PC 终端机上显示，从而实现实时监测。 协调器的传感器信息通过 ZigBee 无线网络被 RFID 节点采集，并把信息存储到 RFID 标签中，可以通过 RFID 读写器读出 RFID 标签，判断集装箱内易腐食品是否霉变。 在 RFID 标签上，0 代表未霉变，1 代表霉变。

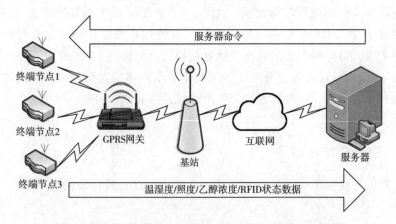

图 5-2 易腐食品运输监测数据采集系统总体设计示意图

5.1.5.2 系统硬件设计

系统主要由 ZigBee 终端节点、GPRS 网关和 HTTP 服务器 3 个部分组成。系统硬件总体框图如图 5-3 所示。

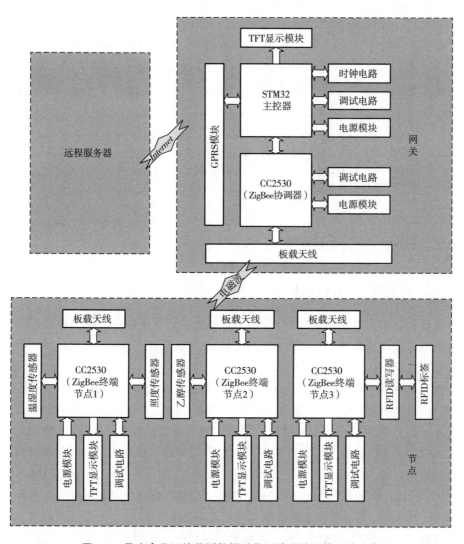

图 5-3 易腐食品运输监测数据采集系统硬件总体设计方案

如图 5-3 所示，ZigBee 终端节点 1 由 ZigBee 芯片 CC2530、电源模块、调试电路、TFT 显示模块、温湿度传感器组成，该节点主要负责冷藏车内温湿度数据的采集，并通过 ZigBee 网络发送给 ZigBee 协调器。ZigBee 终端节点 2 由 ZigBee 芯片 CC2530、电源模块、调试电路、TFT 显示模块、温度传感器、乙醇传感器组成，该节点主要负责采集草莓集装箱内的乙醇浓度，并通过 ZigBee 网络发送给 ZigBee 协调器。ZigBee 终端节点 3 由 ZigBee 芯片 CC2530、电源模块、调试电路、TFT 显示模块、RFID 读写器、RFID 标签组成，该节点为草莓集装箱的质量识别节点，它通过接收来自服务器的命令，记录草莓的质量状态信息，并通过 RFID 读写器把信息记录在标签之中。

GPRS 网关由 ZigBee 协调器模块、STM32 主控器、GPRS 模块、TFT 显示模块、电源模块和调试电路构成。 GPRS 模块负责接收来自远程服务器的命令，并把命令通过串口传送给主控器。 主控器再把命令通过另一串口发送给 ZigBee 协调器，ZigBee 协调器把命令转换成 ZigBee 局域网内协议，并以射频信号的方式发送给终端节点，最终由终端节点执行下发的命令。 反过来，ZigBee 协调器也会主动发送查询命令到各个终端节点，终端节点接收命令并把采集的数据上报至 ZigBee 协调器，之后通过主控器处理成对应的上层网络协议后通过 GPRS 发送至服务器，完成数据的采集任务。

5.2　易腐食品运输监测数据采集系统硬件平台搭建

5.2.1　传感器节点设计

5.2.1.1　温湿度传感器设计

盛世瑞恩公司利用现代先进的 CMOS 技术把传感器和数字转换器结合起来，设计了集成的温湿度传感器 SHT10。 这种高度集成的传感器技术使 SHT10 具有很强的可靠性和稳定性。 SHT10 具有宽电压工作范围，为 2.4～5.5V。 ZigBee 节点采用 3.3V供电，其 I/O 引脚电压为 3.3V，为了简化电源管理和通信电平的统一，SHT10 采用3.3V 供电。 如图 5-4 所示，1 脚为 GND，4 脚为 VCC，在这两个电源引脚之间必须加上一个 100nF 的瓷片电容用于滤除环境中的高频电磁波，提高电路的稳定性。 SHT10的通信接口为类 IIC 总线接口，通信方式和通信接口均与标准 IIC 十分相似，只有在规定的通信协议时序方面有着区别。 DATA 线和 SCK 线分别与 CC2530 的 P0.6 引脚和P0.7 引脚连接。 SCK 为串行时钟，由单片机 CC2530 提供，用于保持与从器件之间的同步通信。 DATA 为串行通信数据线，具有双向通信的功能，在通信过程中，主机必须切换数据 I/O 口的输入输出属性，从而保持通信的有效进行。 为了增强通信的稳定性，SCK 和 SDA 必须有足够的上拉电流，一般选择 10kΩ 或者 4.7kΩ 的上拉电阻。如图 5-4 所示，SDA 选择 10kΩ 上拉电阻，上电电压与通信电平保持一致，为 3.3V。在设计 PCB 板的过程中，应尽量保持平行并增大两线之间的间距，防止信号的相互串扰，必要时还必须进行相应的地线屏蔽保护。 另外，由于电路板工作时有些元件会发热，影响局部环境温度，为了准确测量周围环境，温湿度传感器要尽量远离发热元件，或者在产品结构上设计热量隔离。

5.2.1.2　光照传感器测量电路设计

光对部分食品具有加速腐坏的作用，利用光敏电阻感知环境光的变化，为分析食品运输质量安全提供更多的依据。本书选用5528光敏电阻作为环境光照度传感元件（图4-2中的R2）。其探测光的原理是当感光材料受到光的照射时，电导率发生变化，通过测量与其串联的电阻的电压变化，从而感知光的变化。该传感器的电阻与光强度呈现负向的关系，即光照越强，电阻越小；光照越弱，电阻越大。照度信号的采集电路如图5-5所示。

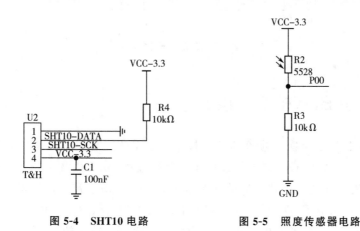

图 5-4　SHT10 电路　　　　图 5-5　照度传感器电路

5.2.1.3　乙醇传感器设计

如图5-6所示，乙醇传感器使用5V供电。其敏感电阻需要在较高的温度环境下才能正常工作，选择一个较小阻值的电阻作为加热灯丝的串联电阻。敏感电阻与1kΩ的电阻串联分压。气体浓度越高，敏感电阻阻值越低，OUTB输出的电压越高；相反，气体浓度越低，敏感电阻阻值越大，OUTB输出的电压越低。乙醇传感器需要进行信号采集、浓度标定以及零点跟踪算法等多种运算处理，需进行模块化设计。选用ST公司的STM8L051F3P6作为模块的微处理器。该单片机内置12位的ADC功能，能对信号进行更细微地识别和采集。处理后

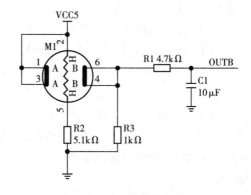

图 5-6　乙醇探头电路

得到的乙醇浓度数据以串口通信的方式与CC2530进行交互，如图5-7所示。

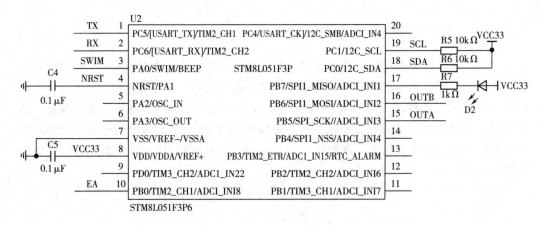

图 5-7 乙醇信号微处理器

5.2.2 ZigBee 核心板设计

CC2530 芯片是一款优秀的 ZigBee 技术片上系统，是美国德州仪器公司精心设计的 ZigBee 解决方案。CC2530 内部配有一个增强型 8051 内核，一个高性能的 RF 收发器，能实现 2.4GHz 免费频段的射频收发，具有灵敏度高、抗干扰能力强、低功耗等特点。它还配备了 8kb 的 RAM 和 256kb 的 flash，ADC，8 位定时器、16 位定时器和休眠定时器。众多的内设极大地增强了 CC2530 的功能，使其广泛应用于无线传感器网络、环境监测系统、智能家居、森林火灾监测和智能卡等领域。特别是它的低功耗性能十分优越，接收模式和发射模式的电流消耗分别为 24mA 和 29mA，配合 Z-stack 和本身的休眠机制，CC2530 在休眠模式可以做到最低 $0.4\mu A$ 的电流消耗，并且从休眠中醒来的时间短，能够大大降低芯片醒来的工作时间，从而节省功耗，适合于电池供电方案。

CC2530 的集成度极高，仅需简单的电路设计即可构成最小系统。它最大的特点在于它的低功耗设计，其内部的 8051 内核工作电压仅仅为 1.8V，低压的工作模式大大降低了芯片的功耗。为提供 1.8V 的内核工作电压，CC2530 内部集成了一个 LDO 稳压器，具备 2～3.6V 的电压输入范围，因此，可采用常用的 3.3V 电压作为工作电压，如图 5-8 中的 DVDD 所示。CC2530 需要外部提供两个振荡源，一个 32MHz 高速晶振和一个 32.678kHz 低速晶振。为了确保 RC 振荡器精度和 CC2530 高频工作射频传输的要求，高速晶振采用 27pF 的匹配电容，低速晶振采用 15pF 的匹配电容。

对于类似于单极子的不平衡天线，通常通过一个巴伦来优化其性能，而低成本的分立电感和电容就可以实现巴伦。图 5-9 显示的推荐巴伦包括 C262，L261，C263 和 L252。如果使用了类似于折叠偶极子的平衡天线，可以忽略巴伦。

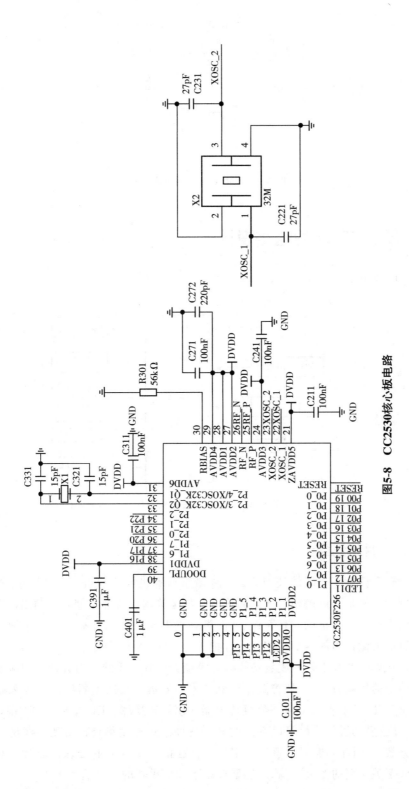

图5-8 CC2530核心板电路

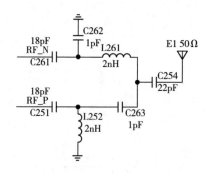

图 5-9　ZigBee 核心板天线电路

5.2.3　GPRS 网关电路设计

GPRS 网关电路结构如图 5-10 所示。

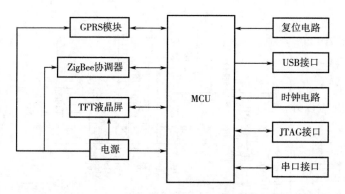

图 5-10　GPRS 网关电路结构

5.2.3.1　单片机选型

微型处理器区别于一般的处理器，又称微型计算机或单片机。一般的计算机处理器主要负责计算机指令的解析、译码和执行，与运算器、外部存储器、输出设备、输入设备等共同组成了计算机的硬件系统。而微处理器与之不同之处在于，它把处理器的频率和运算能力做适当的裁剪或修改，并把 RAM、ROM、计数器、定时器、中断系统等集成整合在单一芯片上，形成具备基础计算能力的片上系统，为各种不同应用场合提供完备又简便的控制方案。随着微计算机技术的发展，微处理器集成了越来越多的外部设备，如 LCD 显示驱动电路、数模转换器、模数转换器、IIC 接口、SPI 接口、串口等。功能日趋强大的单片机可以方便地嵌入各种采集控制场合，实现既经济又高效的生活解决方案。因此，根据不同的应用场合，选择一个合适的处理器芯片，对于方案的实现有着至关重要的意义。芯片选型有以下几个重要的因素需要考虑：

① 功能需求。对于方案需要实现的功能，要求能最大限度满足，并且留有一定的资源余地，以满足后期方案的修改需要及增加功能需求。

② 稳定性。 微处理器芯片是产品的核心元件，它的稳定性很大程度上决定了整个产品的品质。 一个好的芯片必须具备相应的稳定运行处理机制，比如配备相应的低电压检测器、看门狗定时器和多晶振处理机制等。 另外，良好的抗干扰性也是保证微处理器稳定运行的重要因素。

③ 性价比。 性价比不仅体现在价格和功能两个方面，还体现在其对应的开发软件、编程器、开发工具等的价格方面。 另外，开发的难度也会增加开发的成本。 一个好的产品除了要具备好的性能以外，也要考虑到市场上所能接受的价格，因此，在考究微处理器性能的同时，也要考虑一下其整体的成本。

④ 安全性。 在电子设计行业中，最令人头疼的一个问题就是芯片的安全性。 技术人员花大量精力开发出来的产品，刚出现在市场中就被轻易破解，直接或者间接导致了巨大的经济损失。 为了技术人员的辛苦劳动能够得到安全保障，在选型时，尽量选择安全级别高、难以破解的微处理器。

⑤ 功耗。 项目的开发往往对产品的功耗有一定的要求，特别在一些无法提供持续电源供电的情况下，降低设备的功耗对延长产品的使用时间有着重大的意义。 现代电子产品的设计理念要求，在不损失性能的情况下，尽量降低功耗，提高能源的利用率。

⑥ 外设需求。 近年来新推出的微处理器几乎都集成了常用的外部设备，如 ADC、USB 等外设。 选择适当带外设的微处理器可以有效地降低设计难度、降低成本、降低功耗、优化性能等。

除了以上几点以外，购买难易程度、开发资料是否丰富、有无技术支持等也是重要的考虑因素。

根据 ZigBee 网关的功能设计要求，综合比较了可以满足本书设计要求的各种型号处理器的优缺点，最终选择的微处理器是 ST 公司生产的 32 位低功耗、高性能的 STM32F103VET6，其标准外设包括 80 个高速 GPI/O 口，11 个定时器、3 个 12 位 AD（模数）转换器、2 个 12 位 DA（数模）转换器、5 个 USART 接口、3 个 SPI 接口、2 个 IIC 接口、2 个 CAN2.0B 接口、2 个全速 USB（OTG）接口以及以太网 10/100MAC 模块，完全可以满足工业、医疗等产品需要。 在功耗方面，STM32F103VET6 有着优秀的表现，它可以在 2V 供电、72MHz 的主频时钟运行的情况下，开启所有的外部设备，仅消耗 36mA 的电流。 如果运行在低功耗的模式下，可以达到微安级的低功耗水平。 在稳定性方面，STM32F103VET6 具备一个时钟安全管理系统和两个看门狗定时器。 时钟安全管理系统负责监测外部的主振荡器，如果外部主振荡器无法正常工作，时钟安全管理系统会把内部的 8MHz 的 RC 振荡器作为系统主时钟。 两个看门狗定时器一个为窗口看门狗，一个为独立看门狗。 用户在使用窗口看门狗前要先定义一个时间窗，并且要在定义好的时间上下限到达之前刷新定时器（俗称"喂狗"），因此，它可以用来监测特定时间内的程序执行情况。 而独立看门狗使用外部振荡器为时钟驱动，当主系统时钟出现意外状况时，独立看门狗会复位单片机，从而维持程序的继续运行。 在安全性方面，STM32F103VET6 可以设置 Flash 的读保护功能，破解人员无法通过调试端口读取已经烧写的程序。 图 5-11 为 STM32F103VET6 的电路图。

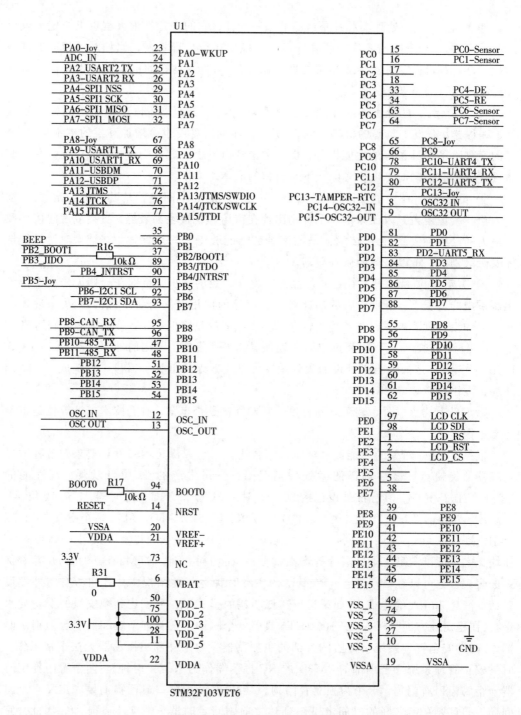

U1

PA0–Joy	23	PA0–WKUP	PC0	15	PC0–Sensor
ADC_IN	24	PA1	PC1	16	PC1–Sensor
PA2_USART2 TX	25	PA2	PC2	17	
PA3–USART2 RX	26	PA3	PC3	18	
PA4–SPI1 NSS	29	PA4	PC4	33	PC4–DE
PA5–SPI1 SCK	30	PA5	PC5	34	PC5–RE
PA6–SPI1 MISO	31	PA6	PC6	63	PC6–Sensor
PA7–SPI1 MOSI	32	PA7	PC7	64	PC7–Sensor

PA8–Joy	67	PA8	PC8	65	PC8–Joy
PA9–USART1_TX	68	PA9	PC9	66	PC9
PA10_USART1_RX	69	PA10	PC10	78	PC10–UART4_TX
PA11–USBDM	70	PA11	PC11	79	PC11–UART4_RX
PA12–USBDP	71	PA12	PC12	80	PC12–UART5_TX
PA13 JTMS	72	PA13/JTMS/SWDIO	PC13–TAMPER–RTC	7	PC13–Joy
PA14 JTCK	76	PA14/JTCK/SWCLK	PC14–OSC32–IN	8	OSC32 IN
PA15 JTDI	77	PA15/JTDI	PC15–OSC32–OUT	9	OSC32 OUT

	35	PB0	PD0	81	PD0
BEEP	36	PB1	PD1	82	PD1
PB2_BOOT1	37	PB2/BOOT1	PD2	83	PD2–UART5_RX
PB3_JIDO	89	PB3/JTDO	PD3	84	PD3
PB4_JNTRST	90	PB4/JNTRST	PD4	85	PD4
PB5–Joy	91	PB5	PD5	86	PD5
PB6–I2C1 SCL	92	PB6	PD6	87	PD6
PB7–I2C1 SDA	93	PB7	PD7	88	PD7

R16 10kΩ

PB8–CAN_RX	95	PB8	PD8	55	PD8
PB9–CAN_TX	96	PB9	PD9	56	PD9
PB10–485_TX	47	PB10	PD10	57	PD10
PB11–485_RX	48	PB11	PD11	58	PD11
PB12	51	PB12	PD12	59	PD12
PB13	52	PB13	PD13	60	PD13
PB14	53	PB14	PD14	61	PD14
PB15	54	PB15	PD15	62	PD15

OSC IN	12	OSC_IN	PE0	97	LCD CLK
OSC OUT	13	OSC_OUT	PE1	98	LCD SDI
			PE2	1	LCD_RS
			PE3	2	LCD_RST
			PE4	3	LCD_CS
			PE5	4	
			PE6	5	
			PE7	38	

R17 10kΩ

BOOT0	94	BOOT0	PE8	39	PE8
RESET	14	NRST	PE9	40	PE9
			PE10	41	PE10
VSSA	20	VREF–	PE11	42	PE11
VDDA	21	VREF+	PE12	43	PE12
3.3V	73	NC	PE13	44	PE13
			PE14	45	PE14
R31 0	6	VBAT	PE15	46	PE15

	50	VDD_1	VSS_1	49	
	75	VDD_2	VSS_2	74	
3.3V	100	VDD_3	VSS_3	99	
	28	VDD_4	VSS_4	27	
	11	VDD_5	VSS_5	10	
VDDA	22	VDDA	VSSA	19	VSSA

GND

STM32F103VET6

图 5-11　STM32F103VET6 电路图

5.2.3.2　电源管理模块设计

在网关中，电源为 ZigBee 协调器、GPRS 模块、MCU、LCD 等提供能量供应。在本书设计的网关中，除了 GPRS 模块需要 5V 电源供电以外，其他的均可在 3.3V 的电压下工作。5V 电源可由电源适配器或者电脑 USB 提供，而 3.3V 的电压需要经过 5V 降压稳压得到。3.3V 输出的稳压芯片具有非常大的可选择性，大部分的半导体公司均设计销售各种输出的稳压芯片，如 ST 公司、TI 公司、ADI 公司等。在选择电源芯片时需要注意的有：电源的输出能力、纹波、转换效率、抗干扰能力和保护机制等。经过一系列考虑，最终选择用途比较广泛的 LD1117-3.3 芯片作为无线网关稳压芯片。

LD1117-3.3 是一个正向低压降稳压器，其最大的输出电流为 1A，满足网关中各模块的供电需求，并留有一定的余量。LD1117-3.3 在最大输出电流的状态下，要求其输入电压比输出电压大 1.2V 以上。当芯片的输入电压与输出电压的差值小于 1.2V 时，电流的最大输出值也随之降低。本设计中，LD1117-3.3 的输入电压由 5V 电源适配器提供，既能提供电源的转换效率，也能保证稳压芯片工作在最大输出电流的能力。另外，LD1117 系列稳压芯片具有设计简单、电压转换精

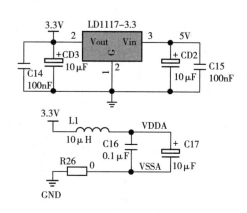

图 5-12　稳压电路原理

度高等特点，其还具备过载和过热保护功能，能短暂耐受因电路异常造成的电流过大。稳压电路原理如图 5-12 所示。CD3 和 CD2 是两个 10μF 的钽电容，能够减小电压纹波。C14 和 C15 是两个 100nF 的旁路电容，可以减小高频干扰和电磁辐射，提高电路的稳定性。

5.2.3.3　复位电路设计

一般的单片机系统需要复位电路，以便在上电时或者必要的时候对程序进行复位操作。

STM32 芯片为低电平复位有效，平常工作时复位管脚必须保持高电平。本设计采用简单的 RC 复位电路，其工作原理如图 5-13 所示，系统上电时，C5 电容开始充电，RESET 在开始时处于低电平，STM32 复位；几毫秒以后，C5 充满电，RESET 管脚被上拉为高电平，STM32 开始正常工作。KEY1 则设计为手动复位功能，当按下按键时，C5 开

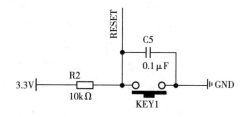

图 5-13　复位电路

始放电，RESET 管脚变成低电平，STM32 复位；按键松开时，RESET 管脚被上拉为高电平进入工作状态，完成一个复位操作。

5.2.3.4 USB 电路设计

STM32 的 PA11 和 PA12 具备 USB 接口的功能，可以供调试用，电路如图 5-14 所示。 R22 是上拉电阻器，上拉让主机系统识别这是一个高速设备，同时在连接的时候，主机系统通过 D+ 的上拉电平识别有 USB 设备接入。 R20、R21 为数据线保护电阻，避免有意外情况烧坏数据线。 VD1 为单向导通的二极管，电流只能从主机系统流入设备，反之则无法导通，做到既可使用 USB 给电路供电，又能防止外接电源对主机系统的 USB 造成损坏。

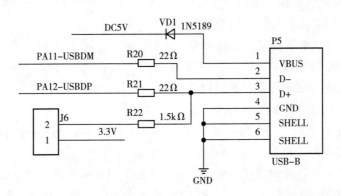

图 5-14　USB 电路

5.2.3.5 串口通信模块设计

在硬件调试过程中，除了利用软件仿真以外，硬件的实际运行结果才是最终的目的。 为了查询或者验证程序运行的正确性，有时需要把运行结果通过串口打印到电脑的串口调试软件中。 在单片机和电脑的通信过程中，由于接口电平存在着差异，往往需要对电平进行转换和匹配。 计算机设备一般配备一到两个串口接口，电平为 RS232 电平，其低电平范围为 $-3 \sim -15\text{V}$，高电平范围为 $+3 \sim +15\text{V}$。 而单片机的串行口为 TTL 电平，TTL 的低电平范围为 $0 \sim 1.2\text{V}$，高电平范围为高于 2.4V。 TTL 电平适合设备内部的高速传输，但是不适合远距离传输，RS232 电平的抗干扰能力比较强，传输距离能有几十米。 因此，在两者之间实现信息交流需要一个电平转换芯片。

串口电平转换芯片选用 MAX3232 芯片。 MAX3232 芯片收发器的工作电压范围为 $3.0 \sim 5.5\text{V}$。 在 3.3V 电源供电的情况下，外围电路只需接四个 100nF 的电容就能工作。 MAX3232 芯片的两路收发器，可以同时实现两路串口信号的电平转换。 在本设计中，T1IN 和 R1OUT 分别与 STM32F103VET6 的 UART4_TX 和 UART4_RX 连接，实现单片机的串口 4 与电脑进行串口通信，输出相应的调试信息。 而 T2IN 和 R2OUT 分别通过一个 $1\text{k}\Omega$ 电阻与 STM32F103VET6 的 USART1_TX 和 USART1_RX 连接，这是因为 STM32F103VET6 的 USART1_TX 和 USART1_RX 与 GPRS 模块的 RX 和 TX 也要进行通信，而一般的 TTL 串口需要交叉连接，不能把多个设备的

TTL 电平串口连接在一起。 但是为了实现在发送数据给 GPRS 模块的同时，又能打印到电脑的串口调试助手，所以就把电平转换芯片和 GPRS 模块同时挂接到同一个串口上，两者都通过 1kΩ 电阻连接到单片机的 TTL 的电平口，防止端口之间电平发生冲突而烧坏芯片。 在使用的时候，GPRS 模块可收可发，而串口电平转换口 2 只收不发，这样就能使电路正常工作。

串口调试电路如图 5-15 所示。

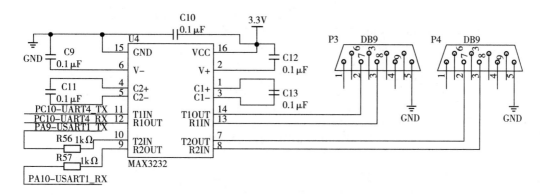

图 5-15 串口调试电路

5.2.3.6 JTAG 调试接口

JTAG（Joint Test Action Group）是一种芯片的标准测试协议，主要用于芯片的测试。 STM32 具有在线调试功能，可在线重写存储器，并可在线调试程序的开始和停止、代码断点以及实现单步调试。 JTAG 允许多个芯片并接在一起分别进行测试，是芯片出厂前一个重要的检测手段。 这些技术能够完成内部电路调试和外部闪存编程。在一些对实时性要求不高的场合，可利用其仿真功能对程序进行调试，调试结果大致与实际环境一致，从而大大节省时间。 JTAG 调试端口管脚均要接有上拉电阻或下拉电阻，用于保持调试端口电平的稳定性，防止由于管脚电平的不稳定而导致的程序下载或调试失败。 J-LINK 为目前比较主流的 STM32 仿真器，可在 keil MDK 的集成开发环境下与硬件连接调试。 图 5-16 为 STM32 的 JTAG 调试电路原理图。

5.2.3.7 TFT 显示电路

液晶屏显示电路可以实时显示当前采集到的温湿度和乙醇浓度的数值，方便现场观察数据。 液晶屏供电电压为 3.3V，可以直接与单片机共用同一稳压电源。 引脚 6是 LED 背光灯连接引脚，串联 1kΩ 的电阻起到调节屏幕亮度的作用。 液晶屏与单片机的数据交互采用串行通信方式，I/O 口分别连接 TFT 屏的 RST、CS、RS、SDI、CLK，作为控制口，通过一定的时序实现液晶屏的复位、读写数据等操作。 TFT 液晶屏电路如图 5-17 所示。

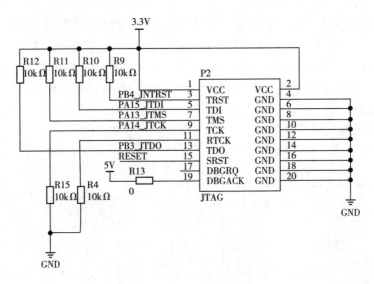

图 5-16　JTAG 调试电路原理

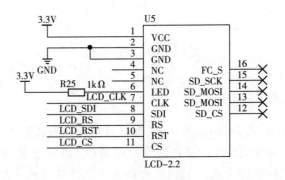

图 5-17　TFT 液晶屏电路

5.2.3.8　GPRS 模块电路设计

　　系统选用了山东济南有人科技公司的 USR-GPRS232-7S3 模块，它是集成了完整的 GSM/GPRS 频道下的解决方案，能够在全世界范围的 GSM850MHz、GSM900MHz、1800MHz 和 1900MHz 发射频段使用。支持 GSM、GPRS 和 EDGE 网络，常用的 2G 流量卡和具有 2G 及以上流量服务的手机卡均可使用；支持 2 个网络连接同时在线，支持 TCP 和 UDP 协议；当网络连接存在异常时，可以缓存当前的数据，最大缓存达 4KB。支持发送注册包、心跳包数据，实时监测模块的在线状态和连接状态；支持使用 AT 指令集操作模块建立、维持及关闭网络连接，适合嵌入性系统实现网络的灵活操控。表 5-3 为 GPRS 模块电气硬件参数，图 5-18 为 GPRS 模块电路。

表 5-3　GPRS 模块电气硬件参数

项目	参数
数据接口	UART：2400～921600bps

项目	参数
工作电压	DC 5～16V
工作电流	平均：35～48mA 最大：394mA（12V）
工作温度	－25～85℃
存储温度	－40～125℃

GPRS 模块的工作电压范围是 5～16V，网关的电源供电电压为 5V，因此 GPRS 模块电源由 5V 电源适配器提供。 该模块的基本功能可以满足监测系统所要求的数据传输功能，特别是其具备 HTTP 短连接请求功能，大大降低了其对网络的依赖程度。 GPRS 模块通过串口与 STM32 的串口 1 通信。 同时，模块的 LINK1 和 LINK2 引脚提供了网络连接状态指示灯，当网络连接到服务器时，连接指示灯被点亮。

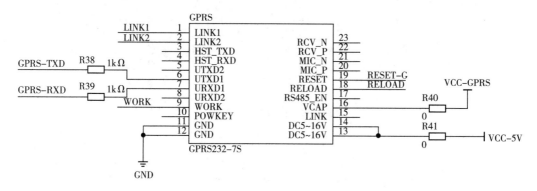

图 5-18　GPRS 模块电路

5.2.4　RFID 射频节点电路设计

FM1702SL 是一款利用 13.56MHz 无线电波工作的 Mifare 卡读写器专用芯片，内部高度集成了模拟调制解调电路，大大简化了电路设计。 它配备了 512B 的 EEPROM 和 64B 的 FIFO，并且支持 ISO14443TypeA 协议和 MIFARE 标准的加密算法。 如图 5-19 所示，只需为芯片提供 13.56MHz 的时钟源即可正常工作。 芯片采用 SPI 接口与 CC2530 进行数字信号通信。

如图 5-20 所示，RFID 读卡节点的天线电路包括信号接收电路和信号发射电路。

① 发射电路。 信号发射部分可细分为 EMC 滤波电路、匹配电路和线圈三部分。 EMC 滤波电路：由电感 L1 与电容 C6、电感 L2 与电容 C7 组成了 LC 低通滤波电路。 读卡芯片发出的 TX1 与 TX2 信号为 13.56MHz 的信号，可能有高次谐波，LC 低通滤波电路可以滤除掉无用的高次谐波。 这有利于通信的稳定，同时也减少对外发射电路的电磁干扰。 匹配电路：由 C8、C9、C10、C11 组成了匹配电路，此部分主要是调整

发射频率的频率点到 13.56MHz 附近，增加信号幅度，有利于磁场的辐射。 匹配电路要将发射电路的电阻匹配到读卡芯片的输出电阻，提高天线的输出功率。 线圈：天线发出磁场信号的主体部分，可由铜线绕成线圈或者设计 PCB 板载线圈。

② 接收电路。 由 C14、R4、C15 组成信号接收电路，VMID 为 FM1802 内部提供稳定的参考电压，C14 在这里相当于一个稳压滤波电容，使通过 R4 输入 RX 引脚的参考电压更加平稳。 C14 为从发射电路引入的交流反馈信号。

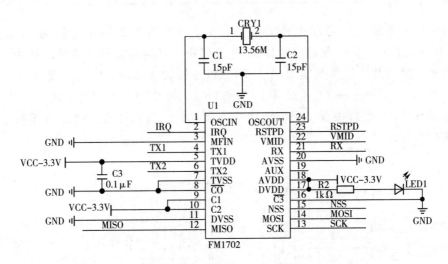

图 5-19　FM1702SL 电路

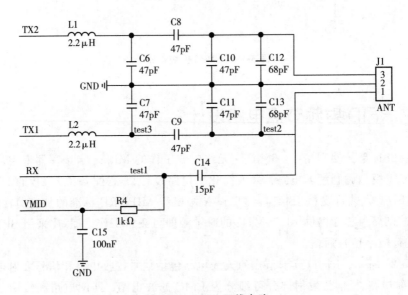

图 5-20　RFID 天线电路

5.3 易腐食品运输监测数据采集系统软件设计

5.3.1 ZigBee 集成开发环境

5.3.1.1 IAR Embedded Workbench

本书选用 IAR Embedded Workbench for MCS-51 作为本系统的软件开发环境,它是一套专业的集成软件开发工具,配套有 C/C++编译器和调试器、实时操作系统和中间件等。 IAR Embedded Workbench 能够运行 35 种以上的微控制器结构,满足不同用户的要求。 同时 IAR Embedded Workbench 为不同类型的微处理器提供相同的直观界面,符合 CC2530 芯片的开发编程需求。 IAR Embedded Workbench 的编译器能够有效地优化和紧凑程序代码,最大限度地缩小代码空间,从而节省设备的内存空间以提高产品的竞争力。

TI 公司提供了基于 IAR Embedded Workbench 开发环境的 ZStack-CC2530-2.2.0-1.2.0 协议栈,可在这个协议栈的基础上开发自己所需的节点组网功能。 打开一个 SampleApp,其显示了协议栈中全部的框架结构,开发环境如图 5-21 所示。

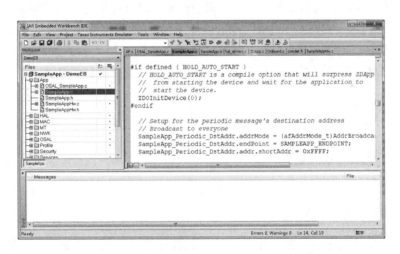

图 5-21 IAR Embedded Workbench 开发环境

5.3.1.2 TI ZStack 协议栈

ZStack 协议栈是建立在特定的物理通信基础上的,遵循 IEEE 802.15.4 的协议规范,具有三个工作频带:2.4GHz、915MHz 和 868MHz,并分别提供了 250Kbps,40Kbps,20Kbps 的数据传送速率。 实际上,由于通信过程中的数据处理和信息延迟等,通信速率低于理论速率。 除此之外,ZStack 协议栈定义了硬件和软件之间在各个不同层面上的信息交流,即把 IEEE 802.15.4 的协议分割成不同的功能层,各个层有着自己独特的任务，并通过层与层之间的接口进行信息调度和交流，共同完成整个网络协议。 其中主要有物理层、介质接入控制子层、网络层、应用支持子层和用户应用层等（如图 5-22 所示）。 当发送信息时，用户发送的目标数据包由协议栈的高层逐步向底层传递，每一层都根据自己的功能对数据进行加工处理，到达物理层以后，信息转变成比特流，并以无线电波的形式在空间中进行传输。 当接收信息时，信息从底层向高层传递，每一层都提取出本层需要处理的信息，最终得到用户发送过来的原始数据。

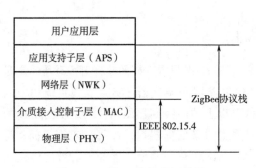

图 5-22　ZigBee 协议体系结构

在无线通信网络中，如果同一频道中的两个节点同时发送数据，那么两串数据就会产生互相干扰，从而造成通信失败。 而 ZigBee 网络里面的节点都共享同一信道，那么就必须采取一定的通信机制避免冲突的发生。 ZigBee 协议栈的 MAC 层就采用了 CSMA/CA 的媒质访问控制技术。 该技术的机制为：在发送数据前，先检测一下当前信道的信号强度（ED），在这个过程中，接收器只接收信号并评估信道的能量等级。 当节点检测到信道的能量状态为空闲状态时，说明当前并无同通道节点发送数据，这时节点开始发送数据。 如果信道处于忙碌状态，则需要等待一段随机的时间，再进行信道检测，如果还处于忙碌状态，则继续等待。 如果多次检测均处于繁忙状态，则每次等待的时间呈现指数式增长，直到信道处于空闲状态或者等待时间达到用户设定的最大值为止。 这样可以有效地避开一些信息密集发送时段，并且减少检测的次数，节省资源和功耗。

5.3.2　ZigBee 网络组网流程

ZigBee 网络组网流程如图 5-23 所示。

5.3.2.1　操作系统初始化

ZigBee 协议栈的运行是建立在 OSAL 轮询操作系统上的，首先要对系统的各个参数进行初始化操作。 而网络的初始化也包含在系统初始化中。 main（）函数开始以后，执行系统初始化函数 osal_init_system（）。 其中，操作系统的任务初始化函数 osallInitTasks（void）也包含了 ZDApp 的初始化。 ZDApp_Init（）开始执行以后，协调器将建立网络，终端设备将加入网络。

5.3.2.2　确定网络协调器

一个 ZigBee 节点在成为网络协调器前需要做两件事情，一是判断是否为一个全功

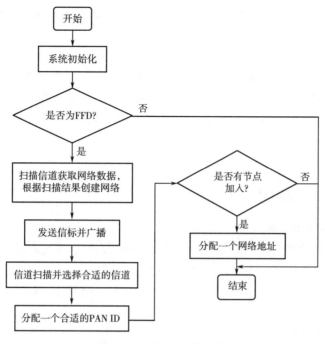

图 5-23　ZigBee 组网流程

能节点，只有全功能节点才能创建 ZigBee 网络。 二是搜索周围环境中是否有其他网络或者网络里是否存在协调器，如果将要创建的网络已经存在，则网络创建失败。 通过主动扫描，发送一个信标请求命令，如果在一定的扫描期限内没有检测到相应信标，则确认周围没有冲突的协调器，那么此时就可以建立自己的 ZigBee 网络，并且作为这个网络的协调器不断地产生信标并广播出去。

（1）网络初始化

一个 ZigBee 网络的形成是由协调器发起的。 在组建网络以前，协调器的节点不能连接到其他的网络，如果已经加入了某个网络，那么该节点将不能创建新的网络。 网络初始化成功后，网络将不再依赖协调器的存在。 网络初始化后，osal_set_event（ ）函数把网络初始化消息发送至 ZDApp 层。

（2）信道扫描和建立协调器

ZDApp 层接收到网络初始化消息以后，根据传回来的参数，执行启动设备函数void ZDO _ StartDevice（byte logicalType，devStartModes_t startMode，byte beacon Order，byte superframeOrder）。 如果该设备符合作为协调器的条件，则进行信道的扫描。 信道扫描包括能量检测和主动扫描。 如果用户指定了将要创建网络的信道，则直接创建网络。 如果没有指定信道，协调器则会以递增的方式对各信道的能量值进行排序筛选，并标注可用的信道。 然后进行主动扫描，搜索周围的其他节点的信息。 根据扫描结果，选择一个最优的信道创建网络。 执行函数 NLME _ Network FormationRequest（zgConfigPANID，zgApsUseExtendedPANID，zgDefaultChannelList，zg-DefaultStartingScanDuration，beaconOrder，superframeOrder，false）向网络层发送网络形成请求。 网络层接收到请求以后，执行网络事件启动函数 ZDApp_NetworkStartEvt（ ）创建一个网络。网络创建好以后，执行 NLME_Network FormationRequest（）函数反馈信息给 ZDO 层。

（3）设置网络 PAN ID

确定好信道以后，协调器将为网络创建一个 PAN ID 作为网络的标识身份。 PAN ID 具有唯一性，在同一信道下可以存在多个 PAN ID，但是互相之间的 PAN ID 必须不同，否则无法建立网络。 PAN ID 也可以事先指定创建，但必须确认在该信道下，没有与之冲突的 PAN ID。

5.3.2.3 节点通过协调器加入网络

（1）查找网络协调器

节点在加入网络前，会循环扫描周围的网络环境，如果发现周围有协调器发出的信标，那么就可以对协调器发出请求链接。 执行 NLME_NetworkDiscoveryRequest（zgDefaultChannelList，zgDefaultStartingScanDuration）函数可以扫描周围存在的协调器。

（2）发送加入网络请求

当函数 ZStatus_t ZDO_NetworkDiscoveryConfirmCB（uint8 ResultCount，networkDesc_t * NetworkList）发现有网络存在时，网络层将反馈信息给 ZDO 层，接着执行 ZDApp_ProcessOSALMsg（osal_event_hdr_t * msgPtr）函数。 如果得到允许加入网络，那么网络层将反馈信息给 ZDO 层，并执行 NLME_JoinRequest（）函数，发起网络请求。

（3）加入网络并获得网络地址

在发送完网络请求之后，必须等待协调器的反馈信息。 ZDO_JoinConfirmCB（uint16 PanId，ZStatus_t Status）将 ZDO_NWK_JOIN_IND 事件发送到 ZDA 层，执行 ZDApp_ProcessOSALMsg（）函数，这个函数包含加入网络的 ZDApp_ProcessNetworkJoin（）函数。 如果节点为终端节点，则直接更新网络状态 ZDO_UpdateNwkStatus（devState）即可。 如果节点为路由器节点，则还必须发起路由启动请求 NLME_StartRouterRequest（0，0，false），得到 ZDO_StartRouterConfirmCB（ZStatus_t Status）的反馈信息以后，再更新网络状态。 zdoSendStateChangeMsg（state，*（pItem->epDesc->task_id））发送状态改变消息到 ZDO 层，执行 NLME_GetShortAddr（）；　//调用 NLME_GetShortAddr（）函数，获得 16 位短地址，执行 NLME_GetExtAddr（）函数，获得 64 位的 IEEE 地址。

（4）ZDO 状态改变

查询 ZDO 状态 osal_set_event（ZDAppTaskID，ZDO_STATE_CHANGE_EVT），并执行 MT_ProcessIncomingCommand（）函数，接着跳到 MT_ZdoStateChangeCB（）函数，节点加入协调器成功。

5.3.3 ZigBee 网络通信协议

为保证传感器数据传输的可靠性和安全性，在 ZigBee 协调器和各个节点之间设定了一套可靠的数据传输协议。一套完备的传输协议一般包含几个要素：帧头、数据长度、设备 ID、数据来源、数据校验等。本书从实际数据传输需求出发，制定了终端节点与协调器之间的数据通信协议，如表 5-4、表 5-5 所示。

表 5-4　数据查询指令

帧头	数据长度	设备类型	设备 ID	命令类型	数据校验
0X55 0XAA	1 个字节	1 个字节	8 个字节	2 个字节	2 个字节

表 5-5　数据回复指令

帧头	数据长度	设备类型	设备 ID	命令类型	数据类型 1	数据内容 1	数据类型 2	数据内容 2	数据类型 n	数据内容 n	数据校验
0X55 0XAA	1 个字节	1 个字节	8 个字节	2 个字节	1 个字节	n 个字节	1 个字节	n 个字节	1 个字节	n 个字节	2 个字节

从表 5-5 可以看出，协议规定了数据上报模式为被动查询模式，即由协调器发出相应设备的查询命令，对应的设备接收到命令以后，做出相应的应答。被动查询模式能够有效协调各个节点之间的数据发送时间，保证在同一网络的同一时刻只有一台设备在发送消息，从而避免了数据的冲突和丢包，保证整个系统安全有效地运作。

本书以草莓的运输检测作为易腐食品监测的典型代表，仅仅定义了协议的一部分内容。因为在易腐食品监测过程中，可能会使用不同类型的设备、传感器和其他功能，所以本协议为一套具有很强扩展性的协议，可拓展定义不同设备、不同类型的传感器和命令，从而适应不同的需求。下面就协议的内容做进一步定义和解析。

① 帧头。一帧数据的开头，作为一个数据包识别的开始和标志，可以滤除掉一些干扰或者错乱的数据包。

② 数据长度。除帧头以外整个数据包的字节数，可以检验数据包的完整性。

③ 设备类型。设备类型的定义如表 5-6 所示。

表 5-6　设备类型

终端节点	路由节点	控制节点	自定义节点
0x01	0x02	0x03	0x04

④ 设备 ID。作为每个设备的身份标识，通过与实际物体关联，可以把实际物体的状态与监控系统的数据对应起来。取 ZigBee 自带的 64 位 MAC 地址作为设备的 ID。

⑤ 命令类型。命令类型的定义如表 5-7 所示。

表 5-7　命令类型

读数据命令	写配置命令	查询状态命令	自定义命令
0x0A 0x01	0x0A 0x02	0x0A 0x03	0x0A 0x04

⑥ 数据类型。 数据类型的定义如表 5-8 所示。

表 5-8　数据类型

数据类型	数据含义	数据格式	数据字节数
0x01	温度数据	IEEE 754	4 个字节
0x02	湿度数据	IEEE 754	4 个字节
0x03	照度数据	整形	2 个字节
0x04	乙醇数据	IEEE 754	4 个字节
0x05	RFID 数据	整形	2 个字节
...	...	...	...

⑦ 数据校验。 采用 CRC16 冗余校验算法，该校验方法具有可靠性强、算法简单等特点。

5.3.4　传感器数据采集设计

传感器数据采集主要阐述了微处理器 CC2530 与传感器之间的信息交互，以及乙醇传感器的标定和拟合处理过程。

5.3.4.1　温湿度传感器软件设计

（1）SHT10 通信时序

在温湿度采集节点中，CC2530 和温湿度传感器 SHT10 之间的数据通信采用了一种类似 IIC 的通信接口，即具备一条时钟线和一条数据线：时钟线 SCL 实现 CC2530 和 SHT10 时间的同步；数据线 SDA 实现数据的双向传输。 数据通信方式与 IIC 一样，具备起始时序、结束时序、读时序、写时序和应答时序，只不过其时序的规范与 IIC 不同，但是通信机制几乎一致。 因此，在通信时，只需要使用 CC2530 的两个普通 I/O 口模拟出其规定的数据交互时序，就能实现与 SHT10 的通信。 SHT10 的启动传输时序如图 5-24 所示。

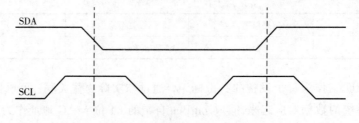

图 5-24　SHT10 启动传输时序

从图 5-24 可以看出，SHT10 启动传输需要四个步骤。

① 在时钟线 SCL 为高电平状态时，数据线 SDA 由高电平状态变为低电平状态。

② 时钟线 SCL 由高电平状态翻转为低电平状态，数据线 SDA 保持低电平状态。

③ 时钟线 SCL 由低电平状态变为高电平状态，数据线 SDA 保持低电平状态。

④ 在时钟线 SCL 为高电平状态时，数据线 SDA 由低电平状态变为高电平状态。

通过以上几个步骤，SHT10 就进入了数据传输的状态。 接着需要传输操作命令。SHT10 支持 5 个操作命令，温度测量命令 0x03，湿度测量命令 0x05，读状态寄存器命令 0x07、写状态寄存器命令 0x06 和软件复位命令 0x1E。 一般在设备初始化阶段，要对 SHT10 进行一次软件复位操作，而在设备运行过程中，需要周期性读取 SHT10 的状态，一旦发现异常情况，则需要对 SHT10 进行软件复位操作。 如果 SHT10 处于空闲等待状态，则可以发送读取指令，SHT10 进入测量状态并等待一段时间。 紧接着，CC2530 与 SHT10 数据线 SDA 连接的 I/O 口要从输出状态变为输入状态，接收来自 SHT10 的测量结果。

（2）SHT10 温湿度计算

CC2530 接收到数据后，还需要根据技术手册提供的温度湿度计算公式计算出对应的温度和湿度。

式（5-1）为温度的计算公式，其中，SO_t 表示从传感器上读出来的测量数值，参数 d_1、d_2 的值与 SHT10 的工作电压和设置的分辨率有关，如表 5-9、表 5-10 所示。

$$T = d_1 + d_2 \times SO_t \tag{5-1}$$

表 5-9　d_1 在不同工作电压下的值

VDD	$d_1/℃$	$d_1/℉$
5V	-40.1	-40.2
4V	-39.8	-39.6
3.5V	-39.7	-39.5
3V	-39.6	-39.3
2.5V	-39.4	-38.9

表 5-10　d_2 在不同分辨率下的值

SO_t	$d_2/℃$	$d_2/℉$
14bit	0.01	0.018
12bit	0.04	0.072

湿度的转换公式为

$$RH_{linear} = C_1 + C_2 \times SO_{RH} + C_3 \times SO_{RH}^2 (\%RH) \tag{5-2}$$

湿度传感器的计算跟工作电压无关，只跟选择的采样精度有关，表 5-11 为 C_1、C_2、C_3 在不同分辨率下的值。

表 5-11 C_1、C_2、C_3 在不同分辨率下的值

SO_{RH}	C_1	C_2	C_3
12bit	-2.0468	0.0367	-1.5955×10^{-6}
8bit	-2.0468	0.5872	-4.0845×10^{-4}

相对湿度除了考虑分辨率以外，还需要适当地进行温度补偿。 补偿系数也根据分辨精度的不同而不同，如表 5-12 所示。

表 5-12 t_1、t_2 在不同分辨率下的值

SO_{RH}	t_1	t_2
12bit	0.01	0.00008
8bit	0.01	0.00128

相对湿度补偿公式为

$$RH_{true} = (T_℃ - 25) \times (t_1 + t_2 \times SO_{RH}) + RH_{linear} \tag{5-3}$$

5.3.4.2 乙醇传感器节点设计

传感器所测量的参数与其转换出来的电信号的关系有些是线性的，有些是非线性的。 对于有线性关系的信号，我们只要通过测量建立简单的线性关系式，就可以准确测量出对应的参数。 若为非线性信号，则需要进行标定和曲线拟合。

本书所使用的乙醇传感器 MQ-3 为非线性传感器，需要采集多个点的数据进行拟合标定。 把 MQ-3 传感器模块和乙醇仪表放置在一个密闭的箱子里，同时放置一个小风扇对箱子内气体进行充分混合。 MQ-3 模块通过一根 TTL 转 USB 串口线与电脑 USB 口连接，如图 5-25 所示。

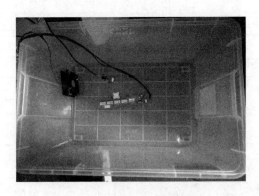

图 5-25 乙醇传感器数据采集

气体传感器在使用前都需要采用已知浓度的气体对其进行标定。 目前，采用较多的方法是预混合标气法。 但是对于乙醇来说，由于其极易挥发，实验室和工厂在量产过程中生产特定浓度的气体存在一定的难度，没有太大的经济效益。 而乙醇的水溶液制备相当成熟，因此，一般获取标定气体都需要进行气体的配比和混合。

本书选用 YX-3000 配气仪配制标准的乙醇浓度气体，采用的是 75％的乙醇和高浓度氮气按照 1：100 的比例进行三次浓度稀释，最后得到了低浓度的乙醇气体，经校正过的乙醇传感器测量，该乙醇气体浓度为 5.23ppm。

在标定过程中，由于不能产生连续不断的气体，因此不可避免地会有空气混入标定箱里，气体的浓度进一步稀释。按照配比的浓度进行标定显然会造成很大的误差，故采用经严格校准过的乙醇传感器作为标定环境的参照，对传感器进行混合气体标定。

通过注射器把稀释后的乙醇气体缓慢注入密闭的箱子里，通过标定软件采集了在不同乙醇浓度η_i下，模块的输出电压ξ_i，实验得到的数据如表 5-13 所示。

表 5-13　乙醇浓度与传感器输出电压对应表

项目	数据									
乙醇浓度/ppm	0.07	0.33	0.50	0.70	0.89	1.14	1.27	1.50	1.70	2.01
输出电压/V	0.237	0.322	0.366	0.412	0.452	0.509	0.530	0.584	0.627	0.680

使用 MATLAB 软件的曲线拟合工具 cftool 对采集的数据进行多项式曲线拟合，得到的结果如图 5-26～图 5-28 所示。

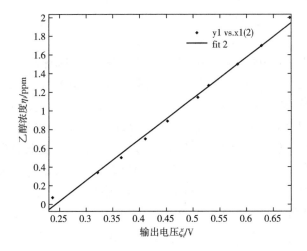

图 5-26　一次曲线拟合

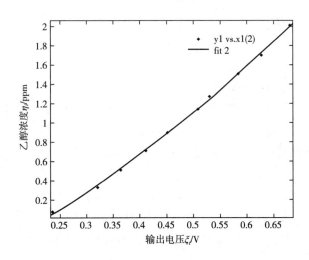

图 5-27　二次曲线拟合

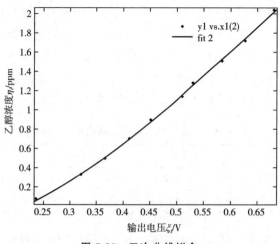

图 5-28　三次曲线拟合

得到的三个拟合曲线方程如下：

一次拟合方程 $\hat{\eta} = -1.085 + 4.438\xi$

二次拟合方程 $\hat{\eta} = -0.5982 + 2.144\xi + 2.477\xi^2$

三次拟合方程 $\hat{\eta} = -0.2334 - 0.5647\xi + 8.73\xi^2 - 4.543\xi^3$

由上面三个拟合曲线方程可以看出，一次曲线拟合与原数据有一定的偏差，二次和三次曲线拟合基本接近采集点的轨迹。因此本实验中可以选择二次或者三次曲线拟合。

曲线的拟合，特别是多次项曲线拟合，需要进行复杂的矩阵运算，这对于计算机来说，处理比较简单。但是单片机的运算能力有限，无法完成复杂的矩阵运算。因此，要在单片机上实现曲线拟合，就必须求出拟合曲线的系数代数式。本书通过推导二次项式拟合曲线的系数，对传感器进行标定。推导过程如下：

假设一组实际测量数据为 (ξ_i, η_i)，$i = 1, 2, \cdots, n$，它的拟合函数为 $\hat{\eta} = k_0 + k_1\xi + k_2\xi^2$，则任意实测数据 η 与它的拟合值 $\hat{\eta}$ 的偏差为

$$\Delta = \eta - \hat{\eta} = \eta - (k_0 + k_1\xi + k_2\xi^2) \tag{5-4}$$

则实测值 η 偏差的均方值为

$$
\begin{aligned}
E(\Delta^2) &= E[(\eta - k_0 - k_1\xi - k_2\xi^2)^2] \\
&= E\left[\begin{matrix} \eta^2 + k_0{}^2 - 2\eta k_0 + \xi^2 k_1{}^2 + \xi^4 k_2{}^2 + 2\xi^3 k_1 k_2 - 2\xi\eta k_1 - 2\xi^2\eta k_2 \\ + 2k_0 k_1 + 2\xi^2 k_0 k_2 \end{matrix}\right] \\
&= E[\eta^2] + k_0{}^2 - 2k_0 E[\eta] + k_1{}^2 E[\xi^2] + k_2{}^2 E[\xi^4] + 2k_1 k_2 E[\xi^3] \\
&\quad - 2k_1 E[\xi\eta] - 2k_2 E[\xi^2\eta] + 2k_0 k_1 E[\xi] + 2k_0 k_2 E[\xi^2] \tag{5-5}
\end{aligned}
$$

为使式（5-4）取得最小值，在式（5-5）中分别对 k_0，k_1，k_2 求偏导，并令偏导值为零，整理后得

$$
\begin{cases}
k_0 + E[\xi]k_1 + E[\xi^2]k_2 = E[\eta] \\
E[\xi]k_0 + E[\xi^2]k_1 + E[\xi^3]k_2 = E[\xi\eta] \\
E[\xi^2]k_0 + E[\xi^3]k_1 + E[\xi^4]k_2 = E[\xi^2\eta]
\end{cases} \tag{5-6}
$$

式（5-6）写成矩阵乘积形式为

$$\begin{bmatrix} 1 & E[\xi] & E[\xi^2] \\ E[\xi] & E[\xi^2] & E[\xi^3] \\ E[\xi^2] & E[\xi^3] & E[\xi^4] \end{bmatrix} \begin{bmatrix} k_0 \\ k_1 \\ k_2 \end{bmatrix} = \begin{bmatrix} E[\eta] \\ E[\xi\eta] \\ E[\xi^2\eta] \end{bmatrix} \tag{5-7}$$

式（5-7）等价于

$$\begin{bmatrix} n & \sum_{i=1}^{n}\xi_i & \sum_{i=1}^{n}\xi_i^2 \\ \sum_{i=1}^{n}\xi_i & \sum_{i=1}^{n}\xi_i^2 & \sum_{i=1}^{n}\xi_i^3 \\ \sum_{i=1}^{n}\xi_i^2 & \sum_{i=1}^{n}\xi_i^3 & \sum_{i=1}^{n}\xi_i^4 \end{bmatrix} \begin{bmatrix} k_0 \\ k_1 \\ k_2 \end{bmatrix} = \begin{bmatrix} \sum_{i=1}^{n}\eta_i \\ \sum_{i=1}^{n}\xi_i\eta_i \\ \sum_{i=1}^{n}\xi_i^2\eta_i \end{bmatrix} \tag{5-8}$$

令 $p_1 = \sum_{i=1}^{n}\xi_i$，$p_2 = \sum_{i=1}^{n}\xi_i^2$，$p_3 = \sum_{i=1}^{n}\xi_i^3$，$p_4 = \sum_{i=1}^{n}\xi_i^4$，$q_1 = \sum_{i=1}^{n}\eta_i$，$q_2 = \sum_{i=1}^{n}\xi_i\eta_i$，$q_3 = \sum_{i=1}^{n}\xi_i^2\eta_i$，代入式（5-8），得

$$\begin{bmatrix} n & p_1 & p_2 \\ p_1 & p_2 & p_3 \\ p_2 & p_3 & p_4 \end{bmatrix} \begin{bmatrix} k_0 \\ k_1 \\ k_2 \end{bmatrix} = \begin{bmatrix} q_1 \\ q_2 \\ q_3 \end{bmatrix} \tag{5-9}$$

令 $\boldsymbol{P} = \begin{bmatrix} n & p_1 & p_2 \\ p_1 & p_2 & p_3 \\ p_2 & p_3 & p_4 \end{bmatrix}$，$\boldsymbol{K} = \begin{bmatrix} k_0 \\ k_1 \\ k_2 \end{bmatrix}$，$\boldsymbol{Q} = \begin{bmatrix} q_1 \\ q_2 \\ q_3 \end{bmatrix}$，代入式（5-9），得 $\boldsymbol{PK} = \boldsymbol{Q}$，则

$$\boldsymbol{K} = \boldsymbol{P}^{-1}\boldsymbol{Q} \tag{5-10}$$

矩阵 $\boldsymbol{P}$ 的逆矩阵为

$$\boldsymbol{P}^{-1} = \frac{\boldsymbol{P}^*}{|\boldsymbol{P}|} \tag{5-11}$$

因为 $|\boldsymbol{P}| = np_2p_4 + 2p_1p_2p_3 - np_3^2 - p_1^2p_4 - p_2^3$，并且

$$\boldsymbol{P}^* = \begin{bmatrix} p_2p_4 - p_3^2 & p_2p_3 - p_1p_4 & p_1p_3 - p_2^2 \\ p_2p_3 - p_1p_4 & np_4 - p_2^2 & p_1p_2 - np_3 \\ p_1p_3 - p_2^2 & p_1p_2 - np_3 & np_2 - p_1^2 \end{bmatrix} \tag{5-12}$$

把 $|\boldsymbol{P}|$ 和 $\boldsymbol{P}^*$ 代入式（5-11）得

$$\boldsymbol{P}^{-1} = \frac{\begin{bmatrix} p_2p_4 - p_3^2 & p_2p_3 - p_1p_4 & p_1p_3 - p_2^2 \\ p_2p_3 - p_1p_4 & np_4 - p_2^2 & p_1p_2 - np_3 \\ p_1p_3 - p_2^2 & p_1p_2 - np_3 & np_2 - p_1^2 \end{bmatrix}}{np_2p_4 + 2p_1p_2p_3 - np_3^2 - p_1^2p_4 - p_2^3} \tag{5-13}$$

把 $\boldsymbol{P}^{-1}$ 及 $\boldsymbol{Q}$ 代入式（5-10）得

$$\boldsymbol{K} = \frac{\begin{bmatrix} (p_2p_4 - p_3^2)q_1 & (p_2p_3 - p_1p_4)q_2 & (p_1p_3 - p_2^2)q_3 \\ (p_2p_3 - p_1p_4)q_1 & (np_4 - p_2^2)q_2 & (p_1p_2 - np_3)q_3 \\ (p_1p_3 - p_2^2)q_1 & (p_1p_2 - np_3)q_2 & (np_2 - p_1^2)q_3 \end{bmatrix}}{np_2p_4 + 2p_1p_2p_3 - np_3^2 - p_1^2p_4 - p_2^3} \tag{5-14}$$

最后得到待定系数为

$$k_0 = \frac{(p_2 p_4 - p_3{}^2) q_1 + (p_2 p_3 - p_1 p_4) q_2 + (p_1 p_3 - p_2{}^2) q_3}{n p_2 p_4 + 2 p_1 p_2 p_3 - n p_3{}^2 - p_1{}^2 p_4 - p_2{}^3}$$

$$k_1 = \frac{(p_2 p_3 - p_1 p_4) q_1 + (n p_4 - p_2{}^2) q_2 + (p_1 p_2 - n p_3) q_3}{n p_2 p_4 + 2 p_1 p_2 p_3 - n p_3{}^2 - p_1{}^2 p_4 - p_2{}^3} \quad (5\text{-}15)$$

$$k_2 = \frac{(p_1 p_3 - p_2{}^2) q_1 + (p_1 p_2 - n p_3) q_2 + (n p_2 - p_1{}^2) q_3}{n p_2 p_4 + 2 p_1 p_2 p_3 - n p_3{}^2 - p_1{}^2 p_4 - p_2{}^3}$$

根据式（5-15）和表 5-13 的数据可得拟合方程的系数为：$k_0 = -0.5982$，$k_1 = 2.1442$，$k_2 = 2.4766$。所以，拟合方程为：$\hat{\eta} = -0.5982 + 2.1442 \xi + 2.4766 \xi^2$。

由公式可以看出，由推导出的代数运算式计算出的系数与 MATLAB 的拟合工具算出的系数一致，说明该推导方法切实可行。

5.3.4.3 草莓腐坏监测实验

本书选用了草莓作为易腐食品的研究对象。选取"红颜"品种的草莓 100 颗，观察草莓表面均无机械损伤，放置于容量约为 $0.05 m^3$ 的箱子里，见图 5-29。在箱子中放置五个经过统一标定的乙醇传感器，并用数码管显示当前乙醇的浓度值。通电后密封箱子，半个小时记录一次数据，实验数据如表 5-14 所示。

图 5-29　草莓测试实验

表 5-14　草莓腐坏测试数据表　　　　　　　　　　　　　　单位：ppm

时间	乙醇传感器				
	1号传感器	2号传感器	3号传感器	4号传感器	5号传感器
2017/5/11 16:00	0	0	0	0	0
2017/5/11 16:30	0.06	0.07	0.06	0.05	0.05
2017/5/11 17:00	0.11	0.12	0.10	0.10	0.09
2017/5/11 17:30	0.18	0.19	0.18	0.17	0.16

时间	乙醇传感器				
	1号传感器	2号传感器	3号传感器	4号传感器	5号传感器
2017/5/11 18:00	0.26	0.31	0.28	0.27	0.25
2017/5/11 18:30	0.34	0.38	0.35	0.35	0.31
2017/5/11 19:00	0.43	0.47	0.43	0.42	0.38
2017/5/11 19:30	0.50	0.55	0.51	0.52	0.46
2017/5/11 20:00	0.56	0.61	0.56	0.55	0.49
2017/5/11 20:30	0.62	0.67	0.63	0.62	0.55
2017/5/11 21:00	0.69	0.74	0.69	0.67	0.60
2017/5/11 21:30	0.76	0.82	0.76	0.75	0.66
2017/5/11 22:00	0.86	0.92	0.86	0.84	0.74
2017/5/11 22:30	0.93	1.00	0.94	0.92	0.81
2017/5/11 23:00	0.99	1.07	1.01	0.98	0.87
2017/5/11 23:30	1.08	1.15	1.09	1.06	0.93
2017/5/12 00:00	1.14	1.20	1.14	1.11	0.98
2017/5/12 00:30	1.20	1.27	1.20	1.16	1.02
2017/5/12 01:00	1.28	1.35	1.28	1.23	1.10
2017/5/12 01:30	1.34	1.41	1.34	1.30	1.15
2017/5/12 02:00	1.43	1.51	1.43	1.38	1.21
2017/5/12 02:30	1.53	1.63	1.54	1.50	1.32
2017/5/12 03:00	1.62	1.72	1.62	1.60	1.40
2017/5/12 03:30	1.70	1.82	1.71	1.70	1.51
2017/5/12 04:00	1.79	1.90	1.79	1.80	1.57
2017/5/12 04:30	1.89	2.00	1.89	1.86	1.64
2017/5/12 05:00	1.93	2.04	1.93	1.89	1.67
2017/5/12 05:30	1.99	2.12	2.00	1.96	1.73
2017/5/12 06:00	2.07	2.19	2.07	2.02	1.80
2017/5/12 06:30	2.16	2.29	2.15	2.10	1.85
2017/5/12 07:00	2.24	2.36	2.23	2.17	1.92
2017/5/12 07:30	2.34	2.47	2.33	2.27	2.01
2017/5/12 08:00	2.45	2.59	2.45	2.38	2.12
2017/5/12 08:30	2.61	2.75	2.59	2.52	2.23
2017/5/12 09:00	2.80	2.97	2.76	2.72	2.45
2017/5/12 09:30	3.00	3.18	2.97	2.93	2.65

时间	乙醇传感器				
	1 号传感器	2 号传感器	3 号传感器	4 号传感器	5 号传感器
2017/5/12 10:00	3.22	3.45	3.24	3.18	2.73
2017/5/12 10:30	3.39	3.59	3.37	3.30	2.95
2017/5/12 11:00	3.59	3.89	3.65	3.62	3.24

经实验观察,草莓在 2017 年 5 月 12 日 07 时 00 分的时候腐坏超过 10%,已经不具备商业价值,此时测到的乙醇浓度平均值为 2.18ppm,因此,本书以腐坏 10% 的时候测到的乙醇浓度作为草莓腐坏的判定值,为 2.18ppm。 实际在运输过程中,由于存储的箱体以及地区环境不同,需根据实际情况设定合适的判定阈值。

5.3.4.4　RFID 节点设计

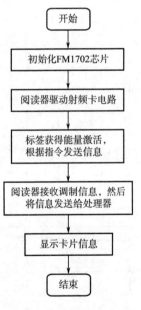

图 5-30　RFID 读卡流程

射频识别技术通过无线电信号识别射频卡,不用直接接触就能完成数据交互。 本书通过射频收发器记录草莓的状态,在运输到达目的地之后,将 IC 卡的信息记录下来,并通过读卡操作现场判断草莓的腐坏情况。

FM1702 的发射频率为 13.56MHz,支持 ISO 14443TypeA 标准,由芯片内部发出经过调制的 13.56MHz 信号即可完成通信。 RFID 的通信流程如图 5-30 所示。

5.3.5　GPRS 网关软件设计

本书要实现的功能是将冷链运输车上采集的传感器数据传送到服务器,实现数据的共享和上位机的存储和显示。 GPRS 网络连接 USR-GPRS232-7S3 模块,其负责建立 GPRS 网络并发送数据到后台数据监控终端,通过 GPRS 网络进行网关与远程数据检测系统的数据透明传输和通信。 GPRS 模块启动后,会进行硬件模块初始化,确定端口号、波特率及数据位、停止位等,并启动透传云,通过接收来自 STM32 的串口信号,可以直接把数据透传到有人的云服务器。 GPRS 通信流程如图 5-31 所示。

5.3.5.1　STM32 集成开发环境

STM32 是基于 ARM 核的微处理器,一般支持 ARM 的嵌入式开发平台都能支持

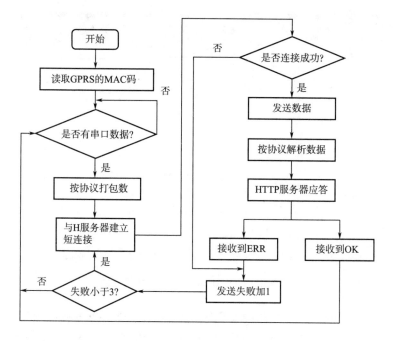

图 5-31　GPRS 通信流程

STM32 的开发。　不同的开发平台给技术人员提供了不同程度的技术便利，选择一个合理、高效的开发环境可以大大加快开发进程，节省成本。　而集成开发环境的出现大大简化了开发的步骤，降低了开发难度。　STM32 常用的集成开发环境有 Keil MDK 和 IAR EWARM。　Keil MDK 的早期版本由 Keil 公司开发和提供，后来被 ARM 公司收购并发展完善了一系列基于 ARM 内核的开发功能。　其强大的软件仿真能力，几乎与 MCU 的实际运行效果一样，在某些情况下，开发者甚至可以不依赖硬件进行程序调试，大大地缩短了开发的周期。

本书选用 ARM 内核的 MCU 进行网关设计。　考虑到集成开发环境的功能和实用性，选择 Keil MDK 作为集成开发环境，完成网关程序的编辑、编译、仿真和烧录。

打开一个 Keil 工程，可以看到简洁的开发界面，包括菜单栏、工具栏、编译栏、工程管理和编辑区，如图 5-32 所示。

5.3.5.2　GPRS 参数设置

USR-GPRS232-7S3 具备三种工作模式：网络透传模式、HTTPD 模式和短信操作。　本书选用 HTTPD 工作模式。

USR-GPRS232-7S3 可由山东济南有人科技有限公司的串口配置软件配置，如图 5-33所示，先打开串口，并进入配置状态，选择 HTTPD 模式，然后把 HTTP 服务器的地址和端口号写入配置的参数，最后点击设置并保存所有参数。

图 5-32　Keil MDK 集成开发环境界面

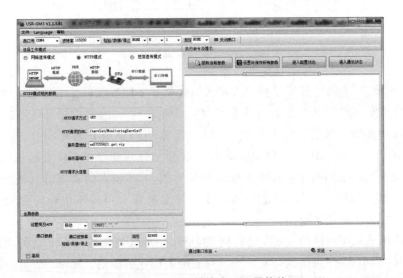

图 5-33　GPRS 模块串口配置软件

对于一个完备的应用工程，必须要实现量产化，使用串口软件配置显然不利于量产化。 使用网关的微处理器对模块进行配置可实现自动配置。 GPRS 模块固化了 AT 指令集，可方便地配置 GPRS 参数。 配置步骤如下所示。

① 设置工作模式为 HTTPD 模式，指令为

$$AT+WKMOD=\text{"HTTPD"}$$

② 设置请求方式为 GET，指令为

$$AT+HTPTP=\text{"get"}$$

③ 设置请求的 HTTP 服务器地址为 aa57255621. get. vip（域名），服务器端口号为 80。 指令为

$$AT+HTPSV=\text{"aa57255621. get. vip"}, 80$$

④ 设置请求的 URL 为/servlet/MonitoringServlet？，指令为

AT＋HTPURL＝"/servlet/MonitoringServlet？"

⑤ 发送保存指令，发送之后模块会自动保存和重启，指令为

AT＋S

5.3.5.3 GPRS 网关通信协议

本书采用 HTTP 协议与服务器进行数据交互。 其特点有：支持 Client/Server 模式、简单快速、灵活、无连接、无状态，是"请求-响应"的通信方式。 它在请求时需要先建立连接，服务器才能根据接收到的信息回复信息，请求结束后，会主动断开连接，这个过程称为"一次连接"，并且只处理一个请求，所以大大节省了通信时间。 同时因为该协议简单方便，程序规模小，通信速度很快，所以被广泛地应用于各种数据监测的场合。

在 GPRS 的运行过程中，STM32 接收来自 ZigBee 协调器的信息，解析出数据以后，把数据按照网关与 HTTP 之间的协议重新打包，并建立 HTTP 短连接，接着发送打包好的数据。 HTTP 服务器接收到数据以后，判断数据的完整性并解析，然后发出应答信息，接收到有异常数据直接返回 ERR，不保存数据。

5.4 易腐食品运输监测数据采集系统监测中心

5.4.1 数据接收接口

易腐食品运输监测数据采集系统监测中心主要由服务器软件、数据库和信息发布网站三部分组成。 如图 5-34 所示，上位机软件接收 GPRS 网关发送的传感器数据，并把数据存入 MySQL 数据库中。 MySQL 数据库的状态表中包含了冷藏车中的温度、湿度、照度、草莓冷藏箱里的乙醇浓度和日期时间信息。 上位机服务器通过 Internet 接收 GPRS 发送的采集数据，这就要求服务器有一个公网 IP。 因为申请一个服务器的固定 IP 地址（紧缺资源）费用很高，所以可以采用动态 IP 管理，只需向 ISP 提供商支付域名解析费用即可（目前大多数的 GPRS 模块都支持域名解析功能。 为了使 GPRS 模块更方便地连接服务器，本系统在服务器供应商处购买 Java 主机，并使用其免费提供的二级域名 http：//aa57255621.get.vip）。 本域名地址方便用户通过可联网的电子设备（手机、平板、电脑等）随时随地在浏览器中监测食品运输过程中的状态，方便管理和了解食品状态，并及时做好防腐处理。 易腐食品运输监测数据采集系统上位机监测中心流程如图 5-35 所示。

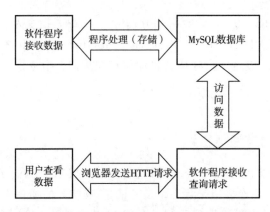

图 5-34　易腐食品(草莓)运输监测数据采集系统上位机监测中心结构

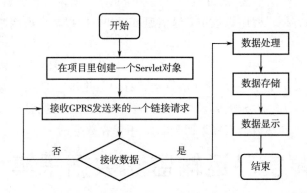

图 5-35　易腐食品运输监测数据采集系统上位机监测中心流程

5.4.1.1　数据接收

如图 5-36 所示，易腐食品运输监测数据采集系统上位机监测中心上位机软件用 Java 语言在 myeclips 集成开发环境中开发，使用 HTTP 技术与 GPRS 终端交互。 通过 HTTP 请求携带指定参数发送请求，当服务端接收到数据请求后，先根据自定义协议解析数据，如果传输的数据解析有效，则打开数据库链接，然后把相应的数据存入数据库表的各个字段，然后关闭数据库并断开 HTTP 连接。

本系统使用的是 Tomcat 服务器，采用 HTTP 请求技术。 HTTP 连接最显著的特点是服务器会响应客户的每一次请求，并在请求结束后，主动释放连接。 HTTP 协议实际上也是一种 TCP/IP 应用层协议，从用户请求连接和从服务器到客户端的回复响应构成了 HTTP 报文。 HTTP 协议也是现阶段互联网常用的协议之一（例如：电脑、平板、手机上通过浏览器访问百度、淘宝等网站）。

在设计易腐食品运输监测数据采集系统上位机监测中心系统做接收 HTTP 请求时，Java 类继承了 HttpServlet 类，HttpServlet 实现了 Servlet 接口，Servlet 接口是现有的 jdk 自带的一种接口，这个接口定义了两个实现类：GenericServlet 和 HttpServlet。

HttpServlet 比原来的 Servlet 接口的功能更丰富，使用起来更强大，因为 Http Servelt在它的内部添加了 HTTP 的处理协议，因此一般开发人员通常继承 HttpServlet

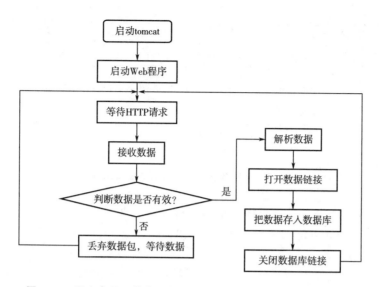

图 5-36　易腐食品运输监测数据采集系统上位机接收数据流程图

类，而不去直接实现 Servlet 接口，所以我们通常说能够处理 HTTP 请求的 Servlet 就是 HttpServlet。

HttpServlet 通过实现 Servlet 接口的时候重写了 service 方法，所以开发编程人员就不需要再重写 service 方法了，并且在 service 方法里的代码可以根据用户的请求方式做相应的判断，只需要复写 doGet 或 doPost 方法就行了，假如是 Post 请求就调用 doPost 方法，假如是 Get 请求就调用 doGet 方法。通常在使用时 doGet 和 doPost 方法只实现一个，另一个方法调用这个实现的方法（例如，doGet 方法写了代码实现，doPost 方法里只需要写个调用 doGet 的方法即可），原因是 doGet 方法和 doPost 方法分别对应了两种不同的请求方式，分别是 get 和 post 请求，但是请求要执行的代码是相同的，为了提高代码的复用率，所以采用互相调用的办法。

5.4.1.2　Servlet 访问 URL 映射配置

因为用户通过在浏览器中输入 URL 地址访问 web 应用，所以客户端如果想要请求 web 应用中的 servlet，就必须把 servlet 程序对应地跟 URL 地址绑定起来，这个工作我们可以通过配置 web.xml 来完成。因为在 web.xml 中有＜servlet＞和＜servlet-mapping＞标签来配置 servlet 相关的信息，其中在＜servlet＞标签中还有＜description＞＜display-name＞＜servlet-name＞＜servlet-class＞四个子标签。

＜servlet-mapping＞标签中有＜servlet-name＞和＜url-pattern＞两个标签。在＜servlet＞标签中的＜description＞和＜display-name＞这两个标签是描述当前 servelt 是做什么用的，也就是配置的描述介绍，＜servlet＞标签中的＜servlet-name＞和＜servlet-class＞这两个标签分别对应 servlet 的注册名和 servlet 的完整类名。

＜servlet-mapping＞中的＜servlet-name＞标签指定了对应的注册名，＜url-pattern＞标签对应着外部的请求路径。相关 servlet 配置如图 5-37 所示。

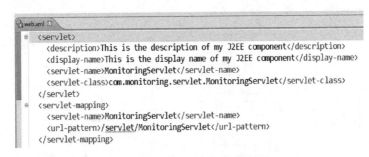

图 5-37 接收数据 web. xml 相关 servlet 配置

通过配置请求地址，发送下面的请求即可发送数据到服务器：http: //aa57255621. get. vip/servlet/MonitoringServlet? temp ＝ 32.26&humidity ＝ 78.54&light ＝ 122& normality＝0.12。

5.4.2　信息展示页面

易腐食品运输监测数据采集系统，监测中心信息发布采用 B/S（浏览器/服务器）架构，不用安装任何软件，用户可以在任何地方通过联网的电子设备在浏览器中输入对应的请求地址，即可查看近期运输过程中监测的温度、湿度、光照和乙醇浓度等状态。 本系统还支持数据导出报表，方便用户后期对数据分析处理。 信息展示页面如图 5-38 所示。

监测序号	监测温度（℃）	监测湿度（%）	监测光照（lux）	乙醇浓度（ppm）	监测时间
1	22.1	48.2	253	0.00	2017/5/11 16:00
2	22.3	48	250	0.06	2017/5/11 16:30
3	21.7	48.9	241	0.11	2017/5/11 17:00
4	21.3	50.2	234	0.18	2017/5/11 17:30

你当前的位置：数据监测系统

图 5-38　信息展示页面

5.4.2.1　展示页面

易腐食品运输监测数据采集系统上位机监测中心在查询展示数据时，后台依然使用 Servlet，展示页面使用 jsp 做页面展示。 当 Servlet 接收到用户的浏览器发送查看数据的请求时，将从 MySQL 数据库中查询出监测数据，把数据放入 session 作用域中，在 jsp 页面使用 el 表达式读取 session 作用域中的数据，并使用 jstl 标签的 c: forEach 标签做循环将数据迭代写入页面中，然后发送给客户端做展示。

5.4.2.2　数据导出

监测中心在数据展示页面中有导出按钮，通过导出按钮可以将监测数据导出到 excel 表中，方便用户以后分析数据（例如对采集到的数据进行后期的数据挖掘，以发现易腐食品随环境参数的变化而腐烂的规律）。 数据导出同样是先通过 HTTP 请求发送给后台，后台通过 Servlet 技术接收到请求，再从数据库中查询数据，并组装成 excel 表返回给客户端（这里需要用到由 apache 基金会提供的 poijar 包，本程序中使用的版本是：poi-3.0.2-FINAL-20080204.jar）。

5.5 易腐食品运输监测数据采集系统调试

系统的软件平台和硬件部分都设计好以后，需要对系统进行整体的组网测试。本书的测试由多个环节组成，首先是对传感器数据的准确性进行测试，接着测试 ZigBee 节点的信号，分析节点组网的可靠性；然后进行 ZigBee 自组网测试，测试多个终端节点和协调器节点之间的数据传输协议的可靠性和数据的丢包率；在测试完 ZigBee 的自组网功能以后，再进行 GPRS 通信的测试，确保网络通信的远程通信环节的可靠性；最后再进行整个系统的运行和测试，保证系统能进行长时间稳定的运行，能在服务中看到数据并进行存储。

5.5.1 ZigBee 网络测试

5.5.1.1 传感器数据准确性测试

传感器数据是整个系统中最基本的、具有决策性的元素。本书通过串口调试助手接收终端节点上报的数据。

（1）温湿度传感器测试

在测试现场，垂直放置一根经过工厂校准的水银温度计作为温度参考，湿度则以盛世瑞恩公司生产的 SHT75 传感器手持表作为参考标准，采集到的温度数据如图 5-39 所示，绘制成曲线如图 5-40 所示。

图 5-39　温湿度数据接收

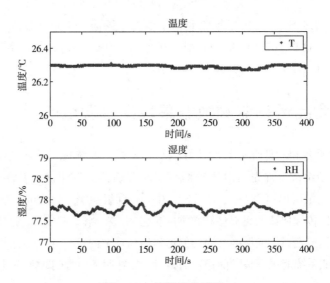

图 5-40　温湿度曲线图

在测试的这段时间内，水银温度计数值稳定在 25.9℃，手持表湿度数值在 78％～79％的小范围波动。通过查阅 SHT10 的数据手册，温湿度均在误差范围内，符合本系统使用的监测环境要求。

（2）乙醇传感器测试

把乙醇传感器放入密闭的容器内，并在容器内放置一个小风扇，每隔一段时间注入稀释过的乙醇气体，并用串口调试助手采集模块数据，如图 5-41 所示，绘制成曲线如图 5-41 所示。

图 5-41　乙醇浓度数据接收

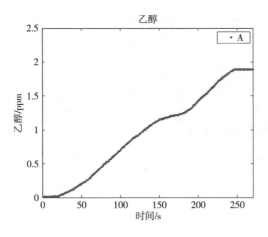

图 5-42　乙醇浓度曲线图

由图 5-42 可以看出，随着乙醇气体的注入，曲线呈现增加的趋势，由于实验过程中没有保持匀速注入，所以出现了非线性增加的现象。

5.5.1.2　ZigBee 网络信号强度测试

无线网络通信的信息安全机制体现在多个方面，是无线网络里面最基础、也是最重要的部分，它直接体现了整个网络的健壮性和稳定性。而无线信号的强弱是安全机制中一个很重要的元素，是安全机制的物理基础。本书建立了一个简单的 ZigBee 网络来测量模块信号的通信强度。

选取六个节点组成一个 ZigBee 网络，其中一个作为协调器节点，其他均作为路由节点。测试环境为空旷环境，以协调器节点作为中心，路由器分布在不同的方向，并模拟网络的稀疏和密集分布，在不同的距离情况下得到的节点信号强度和组网情况如图 5-43～图 5-45 所示。

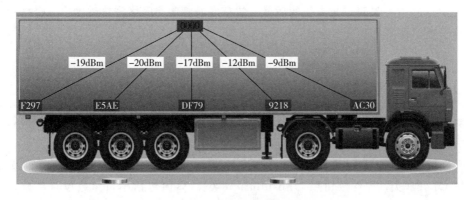

图 5-43　距离 1m 信号强度测试

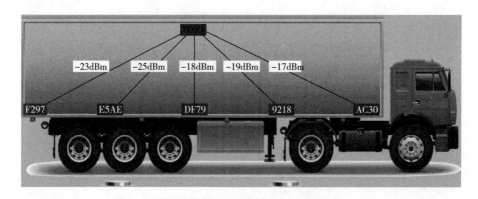

图 5-44　距离 2m 信号强度测试

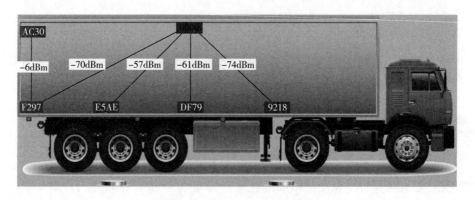

图 5-45　距离 8m 信号强度测试

由实验数据可知,随着各节点间距离的增大,信号强度在不断减弱。当节点信号弱到不足以维持通信时,原来的组网路径将处于无用状态,节点会自动扫描周围的环境,直到找到一条合适的路径再加入网络,从而保持通信的正常运行,如节点 AC30 与协调器之间的网络关系。另外,即使在外界环境几乎完全相同的情况下,节点的信号也有差异性,这与模块采用手工焊接工艺,焊接质量参差不齐有关。

ZigBee 的信号强弱还与天线的质量、信息发送频率、网络密集程度、障碍物和同频道信号干扰等有关,限于实验条件,其他因素无法进行一一验证。

5.5.1.3　串口调试软件

数据在上报到服务器以前,首先要对协调器到终端节点之间进行可靠性测试。本书采用串口连接的方式对数据进行初步测试。

软件使用 Qt Creater 软件环境进行编写,界面设计采用 QWidget 类,界面显示标签采用 QLabel 类,控件按钮用 QPushButton 类。界面包括串口参数设置部分,串口数据显示部分,一个温湿度节点数据显示和 5 个乙醇节点数据显示。

设计了一套简单的、多个终端组网的测试界面。界面包含了串口参数,一个温湿度终端节点、n 个乙醇监测终端节点和 n 个 RFID 终端节点。这个测试软件主要用于测试协调器与终端节点之间信息传递的可靠性和安全性，对采集系统前端数据的稳定传输起到重要作用。 串口调试软件的界面如图 5-46 所示。

图 5-46　串口调试软件界面

5.5.2　远程网络测试

GPRS 实现了数据远程传送，是下位机系统和上位机系统连接的桥梁。 在 HTTP 服务器部署好以后，利用济南有人科技有限公司提供的测试软件，对远程数据传输进行测试。首先，把模块的模式配置为 HTTPD 模式，并设置好目标服务器的端口和 IP 地址，接着发送双方规定好的数据协议，HTTP 服务器接收到正确数据后，解析出数据，并返回"OK"作为应答，如果解析错误，则发送"ERR"作为错误应答。 测试结果如图 5-47 所示。

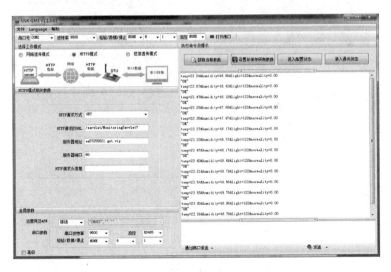

图 5-47　GPRS 数据测试结果

5.5.3　采集系统整体测试

系统各个部分通过测试以后，必须做一个整体的系统测试。 把温湿度传感器节点、乙醇传感器节点、RFID 读写器节点和 GPRS 网关都接上电源，各个节点的工作指示灯正常，整个系统进入运行状态，如图 5-48 和图 5-49 所示。这时在浏览器的地址栏输入网址 http://aa57255621.get.vip/，就可以看到传感器在不断地上报数据，如图 5-50 所示。

图 5-48　温湿度节点(左)和乙醇节点(右)实物图

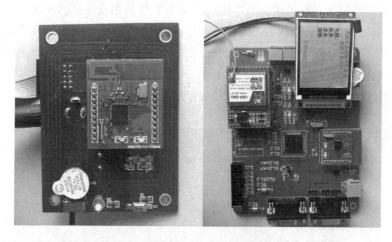

图 5-49　RFID 读写器节点(左)和 GPRS 网关(右)实物图

图 5-50　监测中心界面

本章小结

建立易腐食品运输监测系统的关键在于分析该系统的特点并找到适合的技术方案。本书把易腐食品质量监测作为问题的出发点，研究分析了易腐食品腐坏的特征气味并选用合适的传感器对其进行自动化监测，再结合无线传感网络技术和远程数据监测技术的特点，制定了一套局域网内使用 ZigBee 无线传输网络，广域网内使用 GPRS 技术的数据采集系统，克服了冷链运输过程中无法使用有线传输网络的难点。此外，还应用了 RFID 标签来标识易腐食品变质的情况，提高了易腐食品分拣的效率。

本章的研究成果主要有以下两个方面：一方面构建了易腐食品运输监测数据采集系统；另一方面以草莓运输为例，采用能够表示草莓腐烂程度的乙醇含量为监测参数，然后向 RFID 标签写入 0 或 1 作为草莓变质的标志，以供运输目的地易腐食品安全抽检参考。

本章的创新点有两个：一个是将传统的温湿度传感器和嗅觉传感器相结合来监测易腐食品在运输过程中的变质状况，并把易腐食品变质信息写入 RFID 标签，创新性地指导实际易腐食品安全抽检工作，选取典型有效的样本进行易腐食品安全快速检测；另一个是通过实验同时采集易腐食品特征气味浓度和特征气味浓度对应输出电信号的数据，然后利用数学方法对其进行曲线拟合，并创新性地把复杂的多点拟合算法转化成代数运算式，使微处理器能够进行多点标定和曲线拟合，纠正传感器的非线性误差，实现定量分析的目的。

由于缺乏实际运输测试场合，本系统仅以模拟的场景测试了草莓运输过程中的温度、湿度、照度和乙醇浓度。在完善易腐食品数据采集系统的过程中，需要利用真实的环境对系统的可靠性做进一步的测试，并制定更加严格的实验方法。

此外，整个系统功能还可以根据实际情况的需要进行适当的扩展。

第**6**章

区块链
技术

- 区块链简介
- 区块链工作原理
- 区块链的作用
- 区块链的技术特征

6.1　区块链简介

区块链是分布式数据存储、点对点传输、共识机制、加密算法等计算机技术的新型应用模式。所谓共识机制是区块链系统中用于实现不同节点之间建立信任、获取权益的数学算法。

区块链本质上是一个去中心化的数据库；是一串使用密码学方法相关联产生的数据块，每一个数据块中包含了一次网络交易的信息，用于验证其信息的有效性（防伪）和生成下一个区块。

区块链的发展可以分为三个阶段，第一阶段为 1999—2008 年，这段时期主要围绕密码学和数字货币的理论进行研究；第二阶段为 2009—2013 年，区块链技术开始投入实践，发达国家开始关注区块链技术；第三阶段为 2014 年至今，各国金融机构积极在各个领域运用区块链技术。

经过多年的发展，区块链技术已经对分布式存储以及智能合约等多种核心技术进行融合，从而可以对数据进行高效处理，如分布式存储以及交换等。该技术属于典型的智能性、可共享、高安全的创新技术，所以这种技术涵盖了诸多层面的概念。

首先，区块链属于典型的具有时间次序性，且按照区块链相互连接的一种特性的数据结构，它有着显著的时间次序性，而且存储安全，可以对验证给予很好的支持。其次，它能够借助密码进行保护，不能进行删除与篡改，为典型的分布式共享账本。然后，它借助于新颖的模式对数据进行更新、传输、验证、操作与编程等，在此过程中基于的是分布式基础架构，也是一种极为重要的计算方式。最后借助去中心化、全网记账、共识机制等诸多模式创建分布式信用，并能对 TCP/IP 这个协议加以升级，使之成为一种创新的因特网协议。

狭义来讲，区块链是一种数据以区块为单位生产和存储，并按照时间顺序首位相连形成链式结构，同时通过密码学保证不可篡改、不可伪造及数据传输访问安全的去中心化分布式账本。随着区块链的发展，记录的交易内容由各种转账记录扩展至各个领域的数据，如在供应链溯源应用中，区块中记录了供应链各个环节中物品所属的责任方、所处的位置等信息。

广义来讲，区块链技术是利用块链式数据结构来验证与存储数据、利用分布式节点共识算法来生成和更新数据、利用密码学的方式保证数据传输和访问的安全、利用由自动化脚本代码组成的智能合约来编程和操作数据的一种全新的分布式基础架构与计算方式。

6.2　区块链工作原理

区块链主要包括区块头和区块体两部分。区块头主要由父区块哈希值、时间戳、默克尔树等信息构成；区块体一般包含一串交易的列表。每个区块中的区块头所保存的父区块的哈希值唯一地指定了该区块的父区块，在区块间构成了连接关系，从而组成了区块链的基本数据结构。

区块链技术的主要特点有：分布式结构，公开透明，可信可靠，时序不可篡改和自动履约。

区块链系统由数据层、网络层、共识层、激励层、合约层和应用层组成。区块链的基础架构模型如图 6-1 所示。

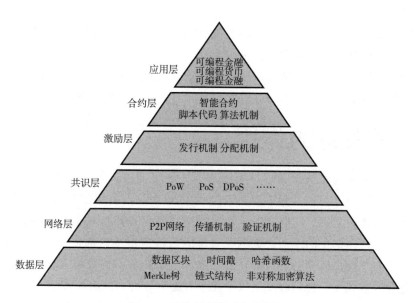

图 6-1　区块链的基础架构模型

如图 6-1 所示，数据层主要包括数据区块、链式结构、时间戳、Merkle（默克尔）树，哈希函数、非对称加密算法等。其中，每一个数据区块包含区块头和区块体两部分，区块头中内置了时间戳，时间戳用于记录数据区块生成的时间信息，有助于防止记录在区块链上的信息被篡改。Merkle 树是记录区块链系统内部交易的数据结构，区块链系统中的交易数据并非以原始形态进行存储，每一笔交易都会经过多次哈希计算，将任意长度的消息压缩成为固定长度的消息摘要，最终存储在区块头中，由 Merkle 树中的叶子节点的内容改变可一直影响到根节点，由此可以直观地看到数据是否发生变化并可以很快地确定哪个叶子节点发生何种变化。如图 6-2 为 Merkle 树的结构。

非对称加密可以极大地简化密钥管理，如网络中 m 个用户之间通过通信加密，仅需要 m 对密钥就可以实现。与对称加密技术相比，非对称加密的优势在于不需要使用通用的密钥，即使公钥被截获，因没有与公钥相对应的私钥也无法入侵。非对称加密是区块链系统中常用的加密方式，应用场景有登录认证、信息加密、数字签名等。

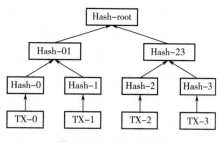

图 6-2　Merkle 树结构

网络层则包括分布式组网机制、数据传播机制和数据验证机制等。区块链系统一般采用节点地位对等、拓扑结构扁平的 P2P 网络进行组网。 系统中的每一笔交易被签署后都会被用户节点广播至它的单跳对等节点，收到这笔交易的目标节点会进行有效性验证，验证通过后再继续转发，直至实现交易的全网传播。

共识层主要封装网络节点的各类共识算法，其中比较知名的有工作量证明机制，实用拜占庭容错算法，以及权益证明机制。

激励层将经济因素集成到区块链技术体系中来，主要包括经济激励的发行机制和分配机制等。

合约层主要封装各类脚本、算法和智能合约，是区块链可编程特性的基础。 应用层封装了区块链的各种应用场景和案例。

该模型中，基于时间戳的链式区块结构、分布式节点的共识机制、基于共识算力的经济激励和灵活可编程的智能合约是区块链技术最具代表性的创新点。

6.3　区块链的作用

随着人们对区块链的认识和理解不断加深，区块链的具体应用领域在不断扩展。最初我们只是片面地认为区块链只适用于虚拟货币交易，然而随着对其链式结构原理和不可篡改等特性的了解，我们发现一切金融交易都可以用区块链来记录。 紧接着我们领悟了区块链传递信任的本质，金融业只是区块链应用场景的一个分支。 由此区块链的应用领域一下被扩展到各种行业：供应链、政务服务、物联网、新能源等。

区块链发展到现在，我们可以从以下几个方面来分析其应用的方向：

① 从应用需求视角可以看到，区块链行业应用正加速推进。 金融、医疗、数据存证/交易、物联网设备身份认证、供应链等领域都可以看到区块链的应用。 娱乐、创意、文旅、软件开发等领域也有区块链的尝试。

② 从市场应用来看，区块链也逐步成为市场的一种工具，主要作用是减少中间环节，让传统的或者高成本的中间机构成为过去，进而降低流通成本。 企业应用是区块链的主战场，具有安全准入控制机制的联盟链和私有链将成为主趋势。 区块链也将促进公司现有业务模式重心的转移，有望加速公司的发展。 同时，新型分布式协作公司也能以更便捷的方式融入商业体系。

③ 从底层技术来讲，区块链有望推进数据记录、数据传播和数据存储管理模式的转型。 区块链本身更像互联网底层的开源协议，在不远的将来会触动甚至会最后取代现有的互联网底层的基础协议。 把信任机制加到这种协议里，将会是一个很重大的创新。

④ 在区块链应用安全方面，区块链安全问题日渐凸显，安全防卫需要技术和管理全局考虑，安全可信是区块链的核心要求，标准规范性日渐重要。

⑤ 从服务提供形式来看，云的开放性和云资源的易获得性，决定了公有云平台是当前区块链创新的最佳载体，利用云平台让基于区块链的应用快速进入市场，获得先发优势。 区块链与云计算的结合越发紧密，有望成为公共信用的基础设施。

⑥ 从社会结构来看，区块链技术有望将法律经济、信息系统融为一体，完善原有社会的监管和治理模式，组织形态也会因此发生一定的变化。 虽然区块链技术与监管存在冲突，但矛盾有望进一步调和，最终会成为引领人们走向基于合约的法治社会的工具之一。

6.4 区块链的技术特征

6.4.1 区块链防篡改

"防篡改"是指交易一旦在全网范围内经过验证并添加至区块链,就很难被修改或者抹除。 一方面,当前联盟链所使用的如 PBFT 类共识算法,从设计上保证了交易一旦写入即无法被篡改;另一方面,以工作量证明(Proof of Work,PoW)作为共识算法的区块链系统的篡改难度及花费都是极大的。 若要对此类系统进行篡改,攻击者需要控制全系统超过 51% 的算力,且若攻击行为一旦发生,区块链网络虽然最终会接受攻击者计算的结果,但是攻击过程仍然会被全网见证,当人们发现这套区块链系统已经被控制以后便不再会相信和使用这套系统,这套系统也就失去了价值,攻击者为购买算力而投入的大量资金便无法收回,所以一个理智的个体不会进行这种类型的攻击。 需要说明的是,防篡改并不等于不允许编辑区块链系统上记录的内容,只是整个编辑的过程被以类似日志的形式完整记录了下来,且这个"日志"是不能被修改的。

6.4.2 区块链溯源

区块链溯源是指利用区块链技术,通过其独特的、不可篡改的分布式账本记录特性与物联网等技术相结合,对商品实现从源头的信息采集记录、原料来源追溯,从生产过程、加工环节、仓储信息、检验批次、物流周转,到第三方质检、海关出入境、防伪鉴证的全程可追溯。 区块链利用时间戳、共识机制等技术手段实现了数据的不可篡改和追本溯源等功能,给跨机构溯源体系的建立提供了技术支撑。 同时把第三方监督机构与消费者纳入监督体系中,打破了信息孤岛,提供了信息支持,在一定程度上实现了生产流程透明。

6.4.3 区块链交易加密

区块链的去中心化特性决定了区块链去信任的特性:由于区块链系统中的任意节点都包含了完整的区块校验逻辑,所以任意节点都不需要依赖其他节点完成区块链中交易的确认过程,也就是无须额外地信任其他节点。 去信任的特性使得节点之间不需要互相公开身份,因为任意节点都不需要根据其他节点的身份进行交易有效性的判断,这为区块链系统保护用户隐私提供了前提。

区块链系统中的用户通常以公私钥体系中的私钥作为唯一身份标识,用户只要拥有私钥即可参与区块链上的各类交易,至于谁持有该私钥则不是区块链所关注的事情,区块链也不会去记录这种匹配对应关系,所以区块链系统知道某个私钥的持有者在区块链上进行了哪些交易，但并不知晓这个持有者是谁，进而保护了用户隐私。 从另一个角度来看，快速发展的密码学为区块链中用户的隐私提供了更多保护方法。 同态加密、零知识证明等前沿技术可以让链上数据以加密形态存在，任何不相关的用户都无法从密文中读取到有用信息，而交易相关用户可以在设定权限范围内读取有效数据，这为用户提供了更深层次的保障。

6.4.4　区块链工作量证明

工作量证明是一种应对拒绝服务攻击和其他服务滥用的经济对策。 它要求发起者进行一定量的运算，也就意味着需要消耗计算机一定的时间。 工作量证明系统的主要特征是客户端需要做一定难度的工作得出一个结果，验证方却很容易通过结果来检查出客户端是不是做了相应的工作。 这种方案的一个核心特征是不对称性：工作对于请求方是困难的，对于验证方则是简单的。 具体来讲，每个可出块节点通过不断猜测一个数值，使得该数值拼凑上所出块中包含的交易内容的哈希值满足一定条件。 由于哈希问题在目前的计算模型下是一个不可逆的问题，除了反复猜测数值，进行计算验证外，还没有有效的方法能够逆推计算出符合条件的 Nonce 值（一个只被使用一次的任意或非重复的随机数）。 且比特币系统可以通过调整计算出的哈希值所需要满足的条件来控制计算出新区块的难度，从而调整生成一个新区块所需时间的期望值。 Nonce 值计算的难度保证了在一定的时间内，整个比特币系统中只能出现少数合法提案。 另外，在节点生成一个合法提案后，会将提案在网络中进行广播，收到的用户在对该提案进行验证后，会基于它所认为的最长链的基础继续生成下一个分叉。 这种机制保证了系统中虽然可能会出现分叉，但最终会有一条链成为最长的链，被绝大多数节点所共识。 然而不得不承认，PoW 类算法给参与节点带来的计算开销，除了延续区块链生长外无其他任何意义，但却要耗费巨大的能源，并且该开销会随着参与节点数目的上升而上升。

6.4.5　区块链技术的创新

区块链技术尚处于发展的初级阶段，在技术层面上仍存在许多问题。 第一个趋势是隐私保护，由于许多领域的数据是不适合公开的，因此，目前这种完全公开透明的区块链就需要被改进。 目前主要的解决方案有同态加密、零知识证明以及利用可信执行环境等。 第二个趋势是跨链交易，区块链作为一种价值网络，必然会需要在不同的链之间进行价值交换，因此跨链交易就显得尤为必要。 目前的解决方案有侧链和公证人机制。 第三个趋势是图结构的区块链。 由于目前的区块链技术存在一定程度的扩展性问题，人们开始考虑区块链并不一定要是一个链状结构。 有向无环图作为一种常用的数据结构，被一些研究人员借鉴来替代区块链的链状结构，目前已有的实现有Tangle、SPECTRE 和 HashGraph 等。

本章小结

　　本章主要介绍了区块链的基础技术和特性。从区块链的数据结构展开，介绍区块数据结构，以及区块链在不同层面的作用，了解了区块链技术尚待解决的问题与挑战所促进的技术创新。

第 **7** 章

区块链与物联网环境下农产品溯源方案研究

- 农产品追溯模型研究
- 区块链技术及安全性基础
- 基于区块链的农产品溯源方案

民以食为天，食以安为先，舌尖上的安全关系到人们的身体健康，建设一个覆盖全面、信息共享的食品可追溯体系，是当今食品行业健康发展的必由之路。随着互联网＋食品安全追溯的不断融合，传统农产品信息追溯体系已经逐渐暴露出诸多问题，不能满足消费者对安全食品的实际需求以及监督管理部门的监督需要。近年来，区块链技术的发展为这些问题的解决带来了契机，区块链的数据链结构以及分布式共识，能够让互不相识、没有信任基础的人建立信任，低成本、高效率地解决食品安全领域存在的信任难题。基于此，本书利用区块链的技术特点，设计了物联网与区块链技术相融合的农产品追溯方案，以期改善现阶段农产品安全追溯过程中所存在的一系列问题。

7.1 农产品追溯模型研究

到目前为止，对农产品追溯模型的研究，可以分为两大类，一类是对传统的农产品追溯模型的研究，一类是对基于区块链的农产品追溯模型的研究。前者已经有大量人员进行了创新性研究，且研究体系已相对完善；而对基于区块链的农产品追溯模型的研究相对较少，相对于传统的农产品追溯模型所用到的技术，区块链技术可以说是一种新型技术，且基于区块链的农产品溯源积极响应了《京津冀现代农业协同发展规划（2016—2020 年）》，完善流通体系，推进市场协同：构建集散结合、冷链物流、产销对接、信息畅通、追溯管理的现代农产品市场流通网络。本节将对以上两者模型进行归纳总结得到其模型及架构，并分析模型的优点和待优化的地方。

7.1.1 传统的农产品追溯系统

通过对传统农产品的追溯问题的大量分析研究可知，一般供应链环节分为种植环节、加工环节、仓储环节、物流环节和销售环节。因此，可以将传统农产品追溯系统归纳如图 7-1 所示。

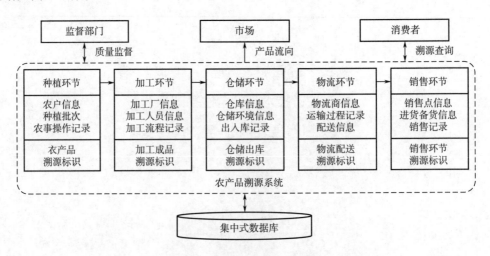

图 7-1　传统农产品追溯系统

传统农产品追溯系统的业务流程如下：

① 传统的供应链环节分为种植环节、加工环节、仓储环节、物流环节、销售环节，在每个环节上由监管部门进行质量检查，每个环节会产生相应的溯源码，如二维码、条形码、RFID标签等。最后，最终的产品会被投入市场，消费者可以通过农产品溯源系统进行溯源，查询农产品的溯源数据。

② 追溯系统是以集中式的数据库存储各个环节的数据，一般业务和数据管理未分离，是一种中心化的追溯系统。

③ 质量监管部门通过追溯系统间接调取集中式数据库中的信息，以监督农产品质量安全。

④ 消费者通过扫码或登录追溯系统查询等方式间接地向集中式数据库发送查询请求，查看所购农产品的溯源信息。

传统农产品有其自己的优点，对各个环节的数据采集的研究已相当成熟，且农产品追溯体系中每个生产环节的具体流程、每个功能模块的确立，都是在经过实际应用的锤炼、理论与实践之间的不断循环的过程中确立的，这为后续农产品追溯系统的升级打下基础。但传统农产品追溯系统也存在明显不足，如以下几点。

（1）中心化严重、溯源数据易被篡改

传统溯源系统大都由地方监管部门或者某企业主导管理，产业链溯源数据由单一机构掌控，系统中心化严重，数据容易受到人为篡改，溯源信息的完整性和真实性无法保证。

（2）易产生"信息孤岛"的问题

在溯源过程中往往存在着政府、企业、消费者之间信息不对称现象，交易双方容易出现信任危机，且农产品产业链中所涉及的环节较多，容易产生"信息孤岛"的问题，使得农产品溯源尤为困难。

（3）追溯系统灵活性差

传统追溯系统通常是针对较窄范围内的特定农产品进行追溯，追溯对象与生产过程的局限性会导致追溯系统的事务处理流程被固化，不能根据实际生产场景动态地调整生产环节的组合顺序，难以适应复杂的供应链。

综上所述，如何研发一款去中心化、能够保障溯源信息安全性和真实性且能够适应多数场景的农产品可信溯源系统，是亟待解决的问题。

7.1.2 基于区块链的农产品追溯模型

通过对现有基于区块链的农产品追溯研究的总结，可以得出现有基于区块链的农产品追溯的一般模型，如图7-2所示。

此模型的业务流程如下所述：

① 系统中对农产品供应链环节的处理以及监督部门和消费者的操作流程等部分，与传统农产品追溯系统相差无几。

② 在数据存储方面，将集中式数据库替换为区块链，农产品供应链中各环节的溯

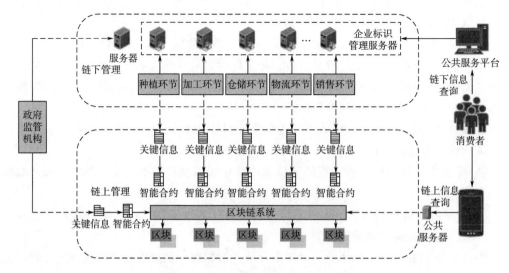

图 7-2　基于区块链的农产品追溯模型

源数据在区块链中被安全地保存，不会再出现溯源数据丢失或被恶意篡改的情况。

　　③ 区块链自身也从最早的单链结构变为"链上＋链下"结构，将用户信息等与供应链环节无关的数据存于链下，通过链上链下并行存取的方式提高系统效率。

　　与传统农产品追溯系统模型相比，此模型最大的不同就是采用区块链作为其数据存储介质，替换集中式数据库；但系统的其他部分并没有随着区块链的加入有明显的升级，没有在溯源数据保真的基础上提升系统的柔韧性、适应性。

　　基于区块链的农产品追溯系统有如下优点：

　　（1）去中心化、开放透明

　　由于区块链技术不依赖于集中式硬件或管理机构，各节点的权限是平等的，数据的验证、存储、传递和维护等过程均是在分布式系统上实现的，所以解决了传统农产品追溯系统的中心化问题。在区块链系统中，当交易信息通过共识机制被存储到链上后，链上的所有节点都将同步最新的区块链，以便所有节点都具有最新区块链上所有交易信息的备份，确保了所有信息都能在区块链上所有节点中公开透明。

　　（2）溯源信息安全可靠、不易篡改

　　区块链具有数据不可篡改的特点，可以确保上链数据的保真性和溯源结果的可信性。

　　（3）解决了"信息孤岛"的问题

　　区块链的每个节点都拥有同样的账本，且需要全网共识，这样，"信息孤岛"的问题就不存在了。

7.2　区块链技术及安全性基础

　　区块链技术最早出现在比特币中，是一个分布式架构，具有去中心、去信任的特性，是一种通过集体维护分布式账本实现信任的技术方案。

7.2.1　数据链结构

从技术上来讲，区块链是一种记录交易的链式数据结构，由一连串带有时序性标记、基于密码学原理相关联所产生的数据区块组成。区块链由区块的内部结构以及区块间的链式结构两种数据来进行构建。区块由区块头和区块体两部分组成，区块体中记录了当前周期内的多条交易数据，这些交易数据通过一种独特的数据结构——默克尔树来构建。通过对区块体内的交易数据依次向上进行哈希计算，最后求得一个哈希值，将其存入区块头中，它是这段时间内区块体中全部交易信息的数字摘要。同样，区块间的链接也是通过哈希算法来实现的，每一个新区块在入链前均要将前一个区块的哈希值存储在自己的区块头中。这样每一个区块的区块头中既包含了区块体内交易信息的哈希值，也包含了前一个区块的哈希值，通过这种独特的数据结构实现新区块的生成以及区块间的前驱和递进。这种块块相连的链式结构实现了各个区块的稳定联系，它是对区块内交易数据快速溯源的基础，也是链上数据防篡改以及完整性的有效保障。

7.2.2　分布式存储

区块链采用分布式记账模型，区块链的分布式不仅仅体现在存储的分布式，同样包含记账的分布式，链上数据的验证、记账、存储、维护和传输等过程均是基于分布式系统结构，具有真正意义上的去中心化的特点。区块链的分布式存储以及各方节点共同维护的特点，使得篡改区块链上数据的难度和成本极高，只有掌握网络中超过 51% 的节点才有可能对数据进行修改，是链上数据安全的有效保障。同时，基于分布式存储架构，各个节点地位均等，即使部分节点失效，只要仍存在一个正常运行的节点，就可对链上数据完全恢复，不会对后续区块的记录与更新产生影响，整个网络具有极强的健壮性。

7.2.3　安全可信

区块链具有高度的自治性，通过共识机制协商出的公开透明的数学算法来保证各节点间的高效运转。点对点之间的数据传输都是匿名的且不需要相互间的信任，各节点间的交易是基于密码学原理而不是基于信任，真正意义上实现了去信任化。在区块链网络运行过程中，各节点记录数据过程透明可视，依靠共识算法建立互信模式，不存在一个节点故弄玄虚或者伪造数据欺骗其他节点的情况，如果某一节点试图伪造或篡改节点数据，那么该节点将不被其他节点所认可，甚至被清理出局。区块链将对人的信任转换为对机器的信任，依靠强大的数学算法保障整个系统的安全可信，大大提升了公众对溯源场景信息的信任度。

7.3 基于区块链的农产品溯源方案

本书设计了以物联网模块、智能合约模块、区块链模块和监管查询模块为核心的农产品供应链溯源方案，如图7-3所示。

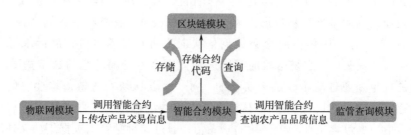

图 7-3 溯源方案架构图

7.3.1 物联网模块

物联网模块由光、电、图像、温湿度等多种物理传感器和状态监测器组成，作为信息采集终端，对农产品生长、加工、仓储、运输等状态进行实时监控与全程记录，建立农产品全生命周期的电子档案，并通过智能合约模块将数据上传到区块链模块中，作为整个溯源方案的数据来源。为保证底层数据源的真实可信，在物联网模块接入身份认证系统，对方案中部署的传感器以及监测器进行身份认证，只有合法的传感器以及监测器节点才能进行数据的上传，并获取用于数据加密的传感器ID和证书。

7.3.2 智能合约模块

智能合约模块负责提供交互接口以及制定相关智能合约，用于对农产品信息的存储与查询。供应链各主体共同制定一套智能合约，并将合约代码写入区块链模块中，在供应链主体存储农产品生长、加工、运输、销售等信息的过程中以及消费者发起对农产品溯源的请求时，智能合约模块自动调用合约代码并运行。

7.3.3 区块链模块

区块链模块是整个方案的核心环节，是保障溯源信息安全可信的基础。如图7-4所示，区块链模块由数据层、网络层、共识层组成。农产品供应链上的各个交易角色：生产商、加工商、运输商、仓储商、销售商等作为分布式区块链网络中的节点，共同搭建底层区块链网络，形成农产品信息区块链联盟。当有新交易发生时，联盟内部通过共识机制选出授权节点，授权节点将新的交易信息利用两种带密码学的哈希机制处理后加盖时间戳，完成新区块的构建，并通过点对点传输机制在全网进行广播与传输，各节点接收验证新区块后，完成农产品信息的存证入链。 为保障区块链共识效率，本方案仅在区块链中存储农产品信息的哈希值，农产品完整信息存储于链下数据库中，二者间建立适当的索引。 当监管机构或消费者对农产品信息进行查询时，首先通过链下数据库获得农产品各生命周期的完整信息，再经过哈希计算得到农产品信息哈希值，与存储于区块链上的信息进行比较，如果一致，说明信息安全可信，如果不一致，则说明信息存在被篡改的可能，进而可以利用区块链的链式结构查找篡改者，完成追责认定。 通过区块链模块实现对供应链各方的行为规范，杜绝信息篡改行为的发生，实现农产品生命周期的信息透明，是实现农产品可信溯源的关键。

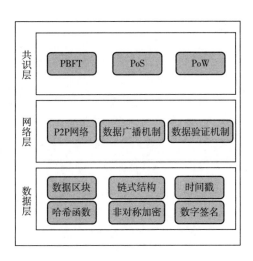

图 7-4　区块链模块架构

7.3.4　监管查询模块

监管查询模块实现了与用户的交互，为监管机构、消费者提供了查询客户端，通过调用智能合约模块的接口，完成对农产品全生命周期的信息溯源。 通过农产品区块链溯源方案，实现整个农产品供应链数据的上传、存储、查询等功能，数据公开透明、可追溯且不可更改，解决了各主体之间的信任问题、监管溯源问题，提升了消费者在查询溯源场景信息时对链上数据的信任度，增强了消费者的信心。

📚 本章小结

本方案结合了物联网和区块链的技术优势，充分考虑了数据源的安全性以及数据流转过程中的不确定性，通过区块链技术对传统农产品追溯系统的数据层进行重构，设计与以往的集式式、中心化模式不同的系统部署模式。通过实施去中心化的分布式追溯信息系统维护，在提升农产品生产、销售以及消费过程中信息透明度的同时，有效保证了数据的完整性与防篡改性，满足了现实中对农产品信息溯源与问题定责的需要，具备实践应用方面的创新性。目前，区块链技术在农产品信息追溯中的应用尚处于探索期，区块链与物联网技术的融合也需要进一步演进与完善。同时，由于区块链本身的限制，随着链上数据的不断增加，对区块链的存储性能提出了更高的要求，因此如何解决区块链可扩展性的难题，实现链上数据的高效快速查询，是区块链技术实现规模化运营的必由之路。

参考文献

[1] 刘同娟，杨岚清，胡安琪. RFID 与 EPC 技术 [M]. 北京：机械工业出版社，2016.

[2] 刘军，阎芳，杨玺. 物联网技术 [M]. 2 版. 北京：机械工业出版社，2017.

[3] 黄岩. 物联网综述 [J]. 电脑迷，2016（8）：70-71.

[4] 胡向东. 物联网研究与发展综述 [J]. 数字通信，2010（2）：17.

[5] 黄静. 物联网综述 [J]. 北京财贸职业学院学报，2016，32（6）：21-26.

[6] 甘志祥. 物联网的起源和发展背景的研究 [J]. 现代经济信息，2010（1）：158，157.

[7] 吴德本. 物联网综述（1）[J]. 有线电视技术，2011，18（1）：107-110.

[8] 陈晓刚. 物联网综述 [J]. 企业导报，2013（18）：89-90.

[9] 张毅，唐红. 物联网综述 [J]. 数字通信，2010，37（4）：24-27，40.

[10] 吴德本. 物联网综述（2）[J]. 有线电视技术，2011，18（2）：101-104.

[11] 范波. 无线传感器网络安全的关键技术 [J]. 建筑工程技术与设计，2018（30）：3397.

[12] 胡博. 射频识别（RFID）技术的应用 [J]. 卷宗，2017（27）：233.

[13] 张白兰，杨向红，李家龙，等. 物联网综述 [C].//中国电子学会. 中国电子学会第十七届信息论学术年会
    论文集. 北京：国防工业出版社，2010：423-429.

[14] 许子明，田杨锋. 云计算的发展历史及其应用 [J]. 信息记录材料，2018，19（8）：66-67.

[15] 李学龙，龚海刚. 大数据系统综述 [J]. 中国科学：信息科学，2015，45（1）：1-44.

[16] 程学旗，靳小龙，王元卓，等. 大数据系统和分析技术综述 [J]. 软件学报，2014，25（9）：1889-1908.

[17] 苏美文. 物联网发展现状及其中国发展模式的战略选择 [J]. 技术经济与管理研究，2015（2）：121-124.

[18] 陈丰乐. 我国物联网产业发展现状及在通信行业的应用 [J]. 现代信息科技，2020，4（12）：161-162，165.

[19] 刘佳昕，刘靖. 基于技术路线图的物联网产业布局研究 [J]. 电子技术与软件工程，2017（23）：261.

[20] 武中凯. 物联网在物流领域应用现状分析 [J]. 物流科技，2013，36（2）：108-111.

[21] 张冀英，张茜，西莎，等. 智能物流 [M]. 北京：中国水利水电出版社，2012：44-72.

[22] 周雪梅，陆莲芳. 基于物联网和大数据分析的智能物流研究 [J]. 中国物流与采购，2020（1）：59-60.

[23] 相峰. 物联网技术构筑新一代智能物流系统 [J]. 中国物流与采购，2019（16）：31-32.

[24] 孟龙，周明. 无线通信技术在物流领域的应用及发展前景 [J]. 中国储运，2019（7）：110-113.

[25] 刘彦良，张丽. 无线网络技术在物流中的应用 [J]. 电子技术与软件工程，2014（21）：57.

[26] 李燕. 智能仓储管理控制系统 [J]. 现代商贸工业，2018，39（22）：192-193.

[27] 齐晗，陈妍. 基于物联网技术的智能物流系统特点分析 [J]. 淮北师范大学学报（哲学社会科学版），
    2011，32（4）：182-183.

[28] 周鲜成，贺彩虹，刘利枚. 基于物联网的智能物流系统研究 [C]//智能信息技术应用学会，2011：4.

[29] 胥军，李金，湛志勇. 智能物流系统的相关理论及技术与应用研究 [J]. 科技创新与生产力，2011（4）：
    13-18.

[30] 张全升，龚六堂. 基于物联网技术的智能物流的发展模式研究 [J]. 公路交通科技（应用技术版），2011，7
    （3）：250-252.

[31] 朱文和. 基于物联网技术实现供应链全过程的智能化物流配送服务 [J]. 物流技术，2010，29（13）：
    172-173.

[32] 郭上铜，王瑞锦，张凤荔. 区块链技术原理与应用综述 [J]. 计算机科学，2021，48（2）：271-281.

[33] 刘恒飞，张毅. 区块链技术及其应用 [J]. 福建电脑，2021，37（1）：174-175.

[34] 付保川，徐小舒，赵升，等. 区块链技术及其应用综述 [J]. 苏州科技大学学报（自然科学版），2020，37
    （3）：1-7，14.

[35] 毛戈，李晶，朱乔，等. 区块链技术在医疗领域中的应用前景 [J]. 湖北大学学报（自然科学版），2021，43
    （1）：86-90.

[36] 李保东，叶春明. 基于区块链的汽车供应链产品追溯系统 [J/OL]. 计算机工程与应用：1-13 [2020-11-

09].http：//kns. cnki. net/kcms/detail/11. 2127. TP. 20201009. 1630. 010. html.

［37］宫芳芳，孙喜琢．区块链技术在医疗领域的应用及展望［J］.现代医院，2021，21（1）：1-3.

［38］刘哲，郑子彬，宋苏，等．区块链存在的问题与对策建议［J］.中国科学基金，2020，34（1）：7-11.

［39］秦明．区块链技术在供应链物流中的应用探讨［J］.价格月刊，2019（12）：64-69.

［40］华为区块链技术开发团队．区块链技术及应用［M］.北京：清华大学出版社，2019：21.

［41］任延辉．一种基于区块链的医疗信息隐私保护和共享方案［D］.西安：西安电子科技大学，2018.

［42］博文．基于区块链技术的医疗数据存储［D］.西安：西安电子科技大学，2018.

［43］舒航，张高煜，赵厚宝，等．区块链技术研究综述［J］.福建电脑，2019，35（1）：1-3.

［44］刘森，胡亚男，杨丹，等．基于区块链的农产品电商溯源防伪体系研究［J］.商场现代化，2019（4）：9-10.

［45］左晓静，徐晨莉，王荣．区块链原理及核心技术分析［J］.计算机产品与流通，2019（3）：85.